因特语

Interlingua

Clave al linguas occidental

Instrumento moderne de communication international

Ingvar Stenström

作者：Ingvar Stenström

原著：Interlingua - instrumento moderne de communication international

（因特语 - 国际间沟通的现代工具）

译者：陈路霞 polyglot@nifty.com

助手：吉田茂 polyglot@nifty.com

订正及版面设计：吉田茂，Erik Enfors

ISBN 978-91-981347-0-4

Vegagatan 12, SE-432 36 Varberg, Sweden

ingvar.stenstrm@telia.com

Contento

Pag. no

PREFACIO/前言

因特语是打开通向欧洲语言的钥匙

本书会在当今越来越重要的国际交流世界有帮助。

因特语是简单易学的语言。一个字母大部分发一个音，语法也简单。IALA(国际辅助语言协会)收集和标准化了像这样的单词，既在英语、法语、意大利语、西班牙语（或葡萄牙语）中，至少有其中的三个语相同的单词。这样选出的单词和其他语言的单词会大部分有相同性。

这意味着法国、意大利、西班牙，葡萄牙和中南美各国的拉丁语系（6亿人口！）的人能看懂用因特语写的文章。如果选择合适单词，正确发音，还能够听懂。

虽然现在国际主流是英语，但英语语法复杂，有些字母和发音不一。如果我们把英语学习到运用自如的程度是很难的。

为了得到语言上的平等，有了辅助语言。这些辅助语是让各民族除了母语外，还有一个在国际上通用的语言。

世界语（esperanto）是有名的辅助语言。创造了把各种各样词汇混合在一起的人工语言。但用世界语，你只能跟分布在全世界的二十万人沟通。

因特语也有限，但能和拉丁语系的人沟通，还能帮助你理解自然及人文科学中的学术用语。

一位因特语者曾经说过：“即使我是在这世界上唯一可以说因特语的人，它还是会对我有用，因为数亿人能够理解我。”

在本书的附录和 www.interlingua.com 网页, facebook，skype 上可以进一步了解因特语！

COMO STUDIAR ISTE LIBRO

第一部分中的注码解释，放在了第二部分中解释。

一般，理解第一部分课文时，不需要立即读第二部分的解释（在学习第一部分课文后面的过程中，可能会有几个相同注码）。

重音规则一：强调的元音位置在最后一个辅音的前面。

cantar 对照英语 to sing

canta 对照英语 sing(s)

cantava 对照英语 sang, was singing

词汇表中，表示重音的下线只有在不遵循标准模式时才出现。（基于拉丁文的子规则，增加词尾时，重音规则可以改变，但即便那样，重音仍会感到是自然的。）

先学习第二部分的词汇后，然后大声地读数遍第一部分课文（Textos）。当你觉得自己流利得象在读一篇所熟悉的中文课本时（你可能会把它翻到中文），那么现在是读几遍的时候了（Repetition es le matre del studios）。

用第二部分的词汇表来测试自己。盖住因特语单词，看看你是否知道每一个。接下来做第二部分练习，回答第一部分课文的问题（le questiones），找到第一部分（Textos）及第二部分的答案“Clave 1 Clave 2”，检查回答。

在本书的最后面，是最常见的2,000个因特语单词和翻译。

Pronunciation 发音

字母：

A, a [a], **B**, b [be], **C**, **c** [tse], **D**, **d** [de], **E**, **e** [e], **F**, **f** [ef], **G**, **g** [ge], **H**, **h** [ha], **I i** [i], **J**, j [ʤota], **K**, **k** [ka], **L**, **l** [el], **M**, **m** [em], **N**, **n** [en], **O**, **o** [o], **P**, **p** [pe], **Q**, **q** [ku], **R**, **r** [er], **S**, **s** [es], **T**, **t** [te], **U**, **u** [u], **V**, **v** [ve], **W**, **w** [v duple], **X**, **x** [eks], **Y**, **y** [i grec, ipsilon], **Z**, **z** [zeta]。

因特语和拉丁系语的自然重音都遵守两个规则：

规则1:

强调在最后辅音前面的元音。但词尾**-s**, **-es**, **-m**, 不作为最后的辅音。如：*bananas*, *album*.

规则 2:

以下名词和形容词词尾的**重音在倒数第二个辅音前的元音上：**

-le, -ne, -re Ex.: *facile* 容易, *nomine* 名字, *tempore* 时间
-ic- *technic* 技术的, *technica* 技术
-id- *timide* 羞怯, *acido* 酸
-im- *ultime* 最后, *bellissimo* 很美
-ul- *regula* 规则, *angulo* 角落

推荐用本书作者朗读的包含全部30 课 Ingvar Stenström: Interlingua – Instrumento moderne de communication international 的 CD，可在 www.lulu.com 或 www.interlingua.com/libros（Book Service of the World Interlingua Union）购买。

元音

西班牙语，波兰语，罗马尼亚语的 **a, e, i, o, u** 是理想的发音。尽量模仿录音！

在强调元音时，要发长音。

a [a]

banana 香蕉

e [e]

belle 美

defende 保卫

i [i]

bira 啤酒

finir 完

o [o]

pomo 苹果

u [u]

fructo 水果

y [i]

physica 物理

第一个字母时，象英语 yes 的元音：

yoga 瑜伽

辅音

c 是 [k] 音：

canto 歌

practic 实用

但在 e，i，y（前元音）前面时，是 [ts] 音：

cento 百

cifra 数

cyclo 周，自行车

在 cci, ccy 时，是 [ktsi] 音 ：

accento 重音

ch 多数情况下，是 [k] 音：

chimic 化学的

choro 合唱

但在有些词里，是 [ʃ] 音：

chef 厨师，领导

chocolate 巧克力

g 是 [g] 音：

gambon 火腿

general 一般的

但在含有 g 的后缀**-age**，**-agi-**里，是 [dʒ] 音：

avantage 有利

avantagiose 有利的

viage 旅游

viagiar 旅游

gu 是 [gw] 音:

guarda 守卫

guerra 战争

guida 向导

h 是 [h] 音，但在 ph, rh, th 里，h 不发音

hora 小时

j 是 [dʒ] 或 [ʒ] 音 。

l 是 [l] 音

ph 是 f 音

qu 原则上是 [kw] 音，

quando 什么时候

querco 橡木

但有些词是 [k] 音

que 什么

qui 谁

proque 为什么，因为

r [r]

rar 稀有

ric 丰富

per 由

rh 是 r 音

s [s]

sparse 疏

simple 简单

在元音之间是 [z] 音

rasorio 剃刀

accusar 控

t [t]

在含有 t 的后缀时，如**-antia, -entia, -tie, -tion**，是 [ts] 音：

tolerantia 忍耐

differentia 差异

tertie 第三

nation 国家

但在重音或是前面是 s 时，是 [t] 音：

garantia, question。

th 是 t 音：

theoria 理论

the 茶

x = ks

第一部分

Textos

1 Lection un/Prime lection

Vos vide un[1] libro, un libro nigre[4]. Le[2] libro es nigre. Esque le libro es nigre? Si, illo[6] es nigre. Esque le libro es grande? No, senior, le libro non[11] es grande; illo es micre. – Io prende[8] un libro blanc. Nunc io ha duo libros[3]. Un libro + (plus) un libro = (es) duo libros. Esque io ha duo libros nigre[5]? No, senior, vos ha un libro nigre e un libro blanc.

Ecce un senior! Ille es elegante. Que face[8] ille? Ille sta ante un banco. Esque on vide duo seniores[3]? No, on vide solmente un senior, ma ille non es sol. Un seniora sede sur le banco.

2 Lection duo/Secunde lection

Le juvene senior reguarda le juvene dama. Illa[6] es un senioretta belle, e ille la[7] reguarda con interesse. Nostre amico es un senior elegante, ma illa tamen le[7] reguarda sin interesse. – Nos debe constatar[9] iste facto “tragic” jam nunc. – Ille pensa: “Io es fatigate; io debe seder[9].” Ille dice a illa:[12] “Excusa[10] me, senioretta! Esque vos permitte que io me sede?” Illa non responde per parolas, ma face un signo con le capite.

QUESTIONES

1. Que face le senior? 2. Esque ille la reguarda sin interesse? 3. Qui es elegante? 4. Que pensa le juvene senioretta? 5. Esque le senior es *multo* fatigate?

3 Lection tres/Tertie lection

In lection 4 (quatro) nos vide le continuation del[14] historia in lection 2.

Nunc nos conta: 0 = zero

1 = un	1^{e} = prime
2 = duo	2^{e} = secunde
3 = tres	3^{e} = tertie
4 = quatro	4^{e} = quarte
5 = cinque	5^{e} = quinte
6 = sex	6^{e} = sexte
7 = septe	7^{e} = septime
8 = octo	8^{e} = octave
9 = novem	9^{e} = none
10 = dece	10^{e} = decime
11 = dece-un	11^{e} = dece-prime
20 = vinti	20^{e} = vintesime
21 = vinti-un	21^{e} = vinti-prime
30 = trenta	30^{e} = trentesime
40 = quaranta	40^{e} = quarantesime
50 = cinquanta	50^{e} =cinquantesime
60 = sexanta	60^{e} = sexantesime
70 = septanta	70^{e} = septantesime
80 = octanta	80^{e} = octantesime
90 = novanta	90^{e} = novantesime
100 = cento	100^{e} = centesime
1000 = mille	1000^{e} = millesime

2487 = duo milles quatro centos octanta-septe

1951 = mille novem centos cinquanta-un

1000000 = un million; duo milliones etc.

+	plus
–	minus
×	vices
:	dividite per
=	es

4 Lection quatro/Quarte lection

Quando illes sedeva[15] ibi, sur le banco, un presso le altere, un de su amicos /de ille/[28] passava. Ille salutava, ma nostre heroe non videva, non audiva. Altere cosas le absorbeva troppo, e ille non le remarcava. Tunc le amico se approchava e critava a voce forte: "Bon die, Hugo! Como sta tu?" – "Eh ... oh, salute! Gratias, ben! E tu?" respondeva Hugo, qui se sentiva embarassate. Illes parlava alcun minutas, ma le conversation non esseva interessante.

QUESTIONES
1. Ubi es nunc le juvene senioretta e le juvene senior? 2. Esque illes es sol? 3. Como dicer "parlar a voce forte" per un altere parola? 4. Proque non responde nostre heroe? 5. Que debeva facer le amico de Hugo pro salutar le? 6. A que pensava Hugo? 7. Proque le duo amicos non parlava longe tempore?

5 Lection cinque/Quinte lection

Quando le amico le ha abandonate[16], Hugo pote lassar su pensatas retornar a iste juvene femina charmante. Ille ha discoperite[16] un maniera de informar se concernente illa. Illa lege un libro. Ille, qui es in general un homine assatis discrete, es hodie un poco indiscrete[29]. Ille reguarda in su libro de illa[28] e vide que illa lege un libro re le Nationes Unite[16] e altere organisationes international. Illo es scribite[16] in interlingua – le moderne idioma auxiliar que ille ha vidite[16] utilisate in libros e periodicos medical. Hugo es un studente de medicina e vole devenir un medico.

QUESTIONES
1. Que face le juvene femina? 2. Que face Hugo? 3. Proque ha ille devenite indiscrete? 4. Qual libro lege illa? 5. In que lingua es le libro scribite? 6. Ubi ha Hugo vidite iste lingua? 7. Ha ille legite le libro?

6 Lection sex/Sexte lection

Ille prende un decision: "Io apprendera[17] iste lingua. Io comenciara immediatemente. Io visitara un bibliotheca pro cercar un manual e un dictionario." – Quando ille habeva retornate a casa, ille attaccava con grande diligentia le programma de studio que ille habeva[18] fixate pro hodie. Ille intendeva apprender multo[19] rapidemente[19] su prime lection de interlingua. Le thema del lection es: "Le division del tempore". Primo[19] ille apprendeva le nomines del dece-duo menses del anno: januario, februario, martio, april, maio, junio, julio, augusto, septembre, octobre, novembre, decembre.

QUESTIONES

1. Esque Hugo pote leger interlingua? 2. Proque vole ille apprender iste lingua? 3. Que intendeva ille facer in le bibliotheca? 4. Esque ille es diligente? 5. Explica (= Dice) in interlingua lo que un "dictionario" es! 6. A que utilisa vos un "manual"?

7 Lection septe/Septime lection

Tosto ille habeva apprendite le nomines del menses. Isto le semblava multo facile[20], e postea (= post isto) ille legeva a voce alte le septe dies del septimana: dominica[20], lunedi, martedi, mercuridi, jovedi, venerdi, sabbato. Dominica significa "le die del Domino Deo", lunedi es in latino "lunae dies", i. e. "le die del luna", martedi es "le die del deo del guerra, Mars (Marte)" ("Martis dies"), mercuridi "le die de Mercurius (Mercurio)" ("Mercurii dies"), jovedi "le die de Jupiter (Jove)" ("Jovis dies"), venerdi "le die del dea del amor, Venus (Venere)" ("Veneris dies"). Sabbato es de origine[20] hebree.

"Il es importante que io los sape ben pro poter fixar le datas e dies de mi[28] incontros futur con ILLA", ille murmurava.

Jam Hugo soniava de novo supra su manual de interlingua!

QUESTIONES

1. Esque le nomines del menses es difficile in interlingua? 2. Quando pote on vider le luna, in le die o in le nocte? 3. Que es le adjectivo correspondente al substantivo "origine"? 4. Hugo "murmura". Esque ille parla a voce alte o basse? 5. Proque vole ille apprender si ben le nomines del dies? 6. Ha Hugo ben apprendite le dies? (Vide le illustration!)

8 Lection octo/Octave lection

Hugo faceva un effortio pro concentrar su pensatas e continuar su studio:

"Trenta dies in novembre,
in april, in junio e septembre,
vinti-octo in solo un,
in omne alteres trenta-un."

Le anno es dividite[21] in 365 (tres centos sexanta-cinque) dies. Un die consiste de vinti-quatro horas, un hora ha sexanta minutas e in cata minuta il ha sexanta secundas.

Tamben un secunda pote esser longe, benque illo es le periodo le plus curte[22] in le mesura practic del tempore. Quando on attende alcuna o alcuno, illo es longissime[23]. "Curte" (o "breve") es le opposito de "longe".

QUESTIONES

1. Que die es hodie? (Dominica etc.) 2. Que data es /il/ hodie? (Il es le prime /die/ de julio. Il es le /die numero/ octo de novembre, etc.) 3. Que hora es il? (Il es tres /horas/ e dece-novem /minutas/ = 3^h19. Il es quatro /horas/ e cinquanta /minutas/ = 4^h50 = dece minutas ante cinque = cinque horas minus dece /minutas/. 10^h15 = dece horas e dece-cinque o: dece horas e un quarto. 18^h30 = dece-octo horas e trenta o: dece-octo horas e un medie.) 4. Quando arriva le traino? (Le traino arriva a 20^h27 = a vinti /horas/ e vinti-septe o: a octo e vinti-septe del vespere o: del postmeridie.) 5. Que die esseva heri? 6. Que die essera deman? 7. A que hora arriva illes?

9 Lection novem/None lection

LE DIE DE HUGO. 1: LE MATINO

Nunc nos vole accompaniar Hugo durante un die ordinari de su vita.

A septe horas del matino un horologio eveliator face su ruito terribile su/pe/r le tabula presso le lecto de Hugo. Ille se[24] leva – sin grande enthusiasmo, io suppone – se rasa per un rasorio electric, brossa le dentes e se lava in le camera de banio e postea ille se vesti rapidemente.

Post haber preparate un jentaculo modeste ille mangia e lege le novas le plus importante in su jornal quotidian, que le postero le ha apportate de bon hora.

Phrases structural

io me rasa	nos nos rasa
tu te rasa	vos vos rasa
ille se rasa	illes se rasa
illa non se rasa	illas non se rasa
illo non se rasa	illos non se rasa
on se rasa	

Attention al position del pronomines personal: io me rasa, me rasava, me ha rasate, me rasara, me rasarea[27], ma: io debe rasar me. Rasa me! Vide § 25!

QUESTIONES

1. Como dicer "accompaniar" in altere parolas? 2. Esque vos ama dormir in le matino o levar vos de bon hora? 3. "Ha tu brossate tu dentes?" demanda le matre a su infante in le matino.

Scribe altere questiones que illa pote demandar in le matino!

10 Lection dece/Decime lection

LE DIE DE HUGO. 2: TRAVALIO

Ante le comenciamento del lectiones al universitate resta un hora, durante le qual[26] ille studia un libro de medicina. Ille lo lege con interesse, benque illo es multo difficile como omne libros medical. Illos sempre es difficile, nunquam simple o amusante. Un professor qui[26] veni ab un altere urbe va visitar les iste die e va pronunciar un discurso que[26] es multo importante. Le discurso del professor es importante, si, si, ma le pensatas del studente vola sovente a cosas que[26] non appertine al thema, a un certe parco, a un certe banco, a un certe puera, "de qui[26] io non mesmo cognosce le nomine, io idiota", ille pensa.

Post haber ascoltate duo discursos ille va a un bibliotheca pro continuar su studio usque al lunch (o: prandio) que[26] ille prende a mediedie in un restaurante modic ubi le studentes sole mangiar.

In le postmeridie le attende tres horas de studio e un demonstration in le clinica del hospital.

Post un altere repasto il es alora jam vespere e tempore pro retornar a casa.

Phrases structural (Pronomines relative)
Le pronomines es in:

NOMINATIVO	Le **persona/s/ qui** canta.
GENITIVO	Le **persona/s/ de qui** io cognosce le nomine/s/.
	Le **persona/s/ cuje** nomine/s/ io cognosce.
DATIVO	Le **persona/s/ a qui** io da le libro.
ACCUSATIVO	Le **persona/s/ que** io vide.
NOM.	Le **cosa/s/ que** es sur le tabula.
GEN.	Le **cosa/s/ de que** io cognosce le nomine/s/.
	Le **cosa/s/ cuje** nomine/s/ io cognosce.
DAT.	Le **cosa/s/ a que** on non pote parlar.
ACC.	Le **cosa/s/ que** io vide.

Le persona qui = le persona le qual etc.
Le personas qui = le personas le quales etc.
Le cosa que = le cosa le qual etc.
Vide § 26!

11 Lection dece-un/Dece-prime lection

"Si io habeva moneta io comprarea un auto

Post un die inusualmente[29] dur nostre Hugo bicycla a casa. Le via es longe, e il es pesante bicyclar. "Si io habeva pecunia, io comprarea[27] un vetere auto", ille pensa. "In tal caso io donarea mi bicyclo a mi fratre qui sempre se lamenta que le sue[28] es si mal que illo es quasi inusabile[30]. Io non plus besoniarea viagiar per autobus quando il face mal tempore – e non me sentirea fatigate justo nunc! Un auto usate non costarea multo, ma probabilemente mi moneta non sufficerea. Il es inevitabile que un vetere auto exige reparationes. Un camerada qui possede un tal auto dice que illo costa summas incredibile.

QUESTIONES
1. Como veni Hugo a casa? 2. Proque pensa ille a un auto? 3. Proque non pensa ille a un nove auto? 4. Que facerea Hugo si ille habeva pecunia? 5. Que facerea vos?

12 Lection dece-duo/ Dece-secunde lection

SYNOPSE DEL FORMAS VERBAL

A cinque horas:

Iste seniora es un cantatrice. Illa ama **cantar**. Illa **cantara** a sex horas.

Iste senior, in le confortabile, non ama le musica. A sex horas ille **suffrera** quando ille **audira** le cantatrice.

A duo minutas ante sex:

Illa **va cantar**.

A sex horas:

Le seniora **canta**, e nostre amico in le confortabile, ille **suffre** quando ille **audi** le cantar[31] del seniora.

A septe horas:

Le seniora **ha cantate**. Le senior **ha suffrite**.

Ille **ha audite** le musica infernal. Ille dice a un altere senior: "Inter sex horas e septe iste terribile femina **cantava**. Oh, como io **suffreva**! Io **audiva** sonos infernal, benque io probava **coperir** mi aures per le manos pro non **audir**." Le altere senior respondeva: "Iste femina es mi marita. Vos ha suffrite un hora, io – un vita ..."

Iste cantatrice *non* es Birgit Nilsson. Illa non face le homines **suffrer**.

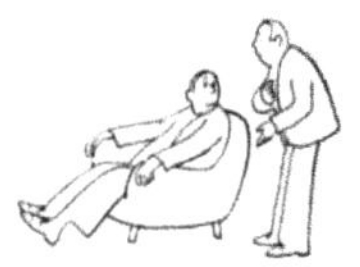

Imperativos

Canta plus forte! Non **suffre**, amico! **Audi** le tonos bellissime!

Conditional

Si on lo permitteva, illa **cantarea** sempre, io **suffrerea** constantemente, e io **audirea** sin interruption su terribile voce.

13 Lection dece-tres/Dece-tertie lection

"LE PROFESSOR DEL ROSAS BRUN"

Un die Hugo debeva visitar un professor de medicina pro dar le un essayo – un parte de su examination.

De facto Hugo habeva visitate iste professor un vice antea – o plus tosto su jardin – in le nocte e sin esser invitate. A ille[32] visita ille pensava nunc, passante[34] le multe e belle rosieros[33] in le jardin. Le professor esseva cognoscite como cultivator-amator de rosas e un die le jornales habeva communicate que un congresso de jardineros[37] in le urbe irea vider, le die sequente, le rosas del professor. Il occurreva in le vespere ante iste die, que Hugo e alcun altere studentes, post un celebration allegrissime, se sentiva inspirate pro facer ancora plus rar, rarissime, le rosas de lor car e estimate professor. In le silentio del clar nocte estive le gruppo de studentes marchava secretemente al jardin e pingeva in colores le plus diverse, brun, verde, jalne, omne rosas del duo grande rosieros a ambe lateres del entrata del casa ...

Un poco disagradabile revenir nunc ... Hugo face sonar le campana electric. On aperi. In le porta sta illa – "su" senioretta del parco!

QUESTIONES

1. Explica nos lo que es un “essayo”! 2. Que pote on vider in un jardin? 3. Como exprimer le idea “rar” in altere parolas? 4. Es il un occurrentia rar que studentes ha “celebrationes”? 5. Que diceva, crede vos, le professor vidente le rosas brun?

14 Lection dece-quatro/Dece-quarte lection

Sin dubita vos comprende, car lector, le surprisa de Hugo. Su facie es rubie e tamben le[35] del juvena[36] (o: illo del juvena). Ille nota isto con satisfaction subite. Tamben illa le ha recognoscite, le sympathic juvene qui sedeva presso illa in le parco un belle die – "mute como un pisce". Certo ille habeva comprendite que illa es un estraniera[37] e ille non osava parlar con illa in un lingua estranier. Ma nunc il es Hugo qui surprende illa: ille parla fluentemente interlingua, lo que surprende tamben ille ipse un poco. "Io es contente revider vos! Io volerea parlar con professor A. Es ille in casa?" – "Si, entra in le bibliotheca e attende un momento, per favor. Io va cercar le", illa dice e dispare.

Attendente[34] ille admira le plancas plenate ab solo a tecto per milles de libros cuje dorsos in omne colores le impressiona como un ver obra de arte – e in su mente ille forma le phrases per le quales ille la proponera un nove incontro.

Phrases structural con -/e/nte. Vide § 34!

1. Un persona qui canta es un persona **cantante**.
2. Un persona qui suffre es un persona **suffrente**.
3. Un persona qui audi es un persona **audiente**.
4. **Cantante** on produce tonos.
5. **Legente** iste libro vos apprende interlingua.
6. **Audiente** le cantar ille coperiva su aures.
7. Il es facile rider con le **ridentes** e difficile plorar con le **plorantes**. (IG)

QUESTIONES

1. Esque iste nove incontro es un surprisa pro vos? 2. Proque nota ille con satisfaction que le facie de illa es rubie? 3. Crede vos que ille ama “facies rubie in general”? 4. Ha Hugo studiate ben su lectiones de interlingua? 5. Explica que es un bibliotheca!

15 Lection dece-cinque/Dece-quinte lection

Illa reveni dicente[34] que le professor es occupate ancora alcun minutas, ma ille le preca attender. "Con *grande* placer", ille responde sin un momentetto[39] de hesitation, accentuante[34] le parola "grande" forsan un poco troppo forte. E nunc ille comencia demandar la un multitude de questiones: De ubi illa veni? Que face illa in iste pais? E ille non mesmo oblida le question importante: "Que es vostre nomine?" Certo ille non proba celar su interesse in illa! Illa voluntarie le narra, que illa es studente de scientias social, que illa ha un camera presso le professor, qui es multo amabile. Illa assecura que illa trova toto si agradabile. Le professor e su marita ha un jardin si belle con rosas e altere flores meraviliose ... Audiente[34] la mentionar le parola "rosas" Hugo hasta cambiar del thema de lor conversation, inquiete que le escappara le occasion de proponer le nove incontro. Illes parla de toto, e certo illes es de accordo del avantages de un idioma commun como interlingua ... On audi le passos del professor approchar se in le camera vicin. Ma cinque secundas suffice pro finir lor conversation e dicer lo essential[40]: "Pote nos revider nos le sabbato proxime?" – "Oh, si! A que hora?" – "A septe horas, si isto es bon pro vos. Io venira cercar vos hic?" – "Si, si, de accordo! A revider!" – "A revider!"

16 Lection dece-sex/Dece-sexte lection

LE FAMILIA DE HUGO

Le familia de Hugo habita in un urbe non lontan del urbe universitari e ille sovente visita su parentes le dominicas e altere dies libere. Su familia consiste de su patre, qui es un ferroviero – non multo ric, ma con su proprie casa – su matre, "le melior matre del mundo!" – duo fratres e duo sorores, omnes plus juvene que Hugo, excepte un soror. Lor parentes ha, alora, cinque infantes, tres filios e duo filias – un familia bastante grande! Un soror es maritate – su marito es le fratre affin de Hugo.

Quando Hugo iste vice pare inexpectate al focar familial, su matre le reprocha: "Proque non ha tu annunciate in avantia que tu veni a casa! Io haberea potite cocer te un de tu plattos favorite." – "Toto que tu coce, oh Matre e Regina del domo, es mi platto favorite", ille dice, e adde pro jocar, in un sufflo theatral, "si on lo compara con le mangiar del restaurante del studentes!"

QUESTIONES

1. Es le distantia longe inter le urbe ubi Hugo studia e su urbe natal? 2. Quante personas ha il in le familia de Hugo? 3. Que es "un platto favorite"? Explica per parolas simple in interlingua! 4. Que es le opposito de "lontan!"?

17 Lection dece-septe/Dece-septime lection

LE VETERE GRANPATRE

Un belle dominica Hugo veni al casa de Anna pro prender la pro un visita al campania. Le granpatre de Hugo possede un ferma. Ille es san e forte malgrado su etate – un ver viro qui ama su ferma, su village e su pais. “Le plus belle pais del terra”, ille sole dicer a Hugo. Sovente ille lo dice pro provocar su car nepote e inducer le in un discussion[42]. A vices ille non comprende le punctos de vista del generation de Hugo qui mantene le opinion que “le mundo es plen de belle paises e de humanos tanto sympathic como nostre proprie compatriotas” ... Tamen illes se ama ben, le granpatre e Hugo. Le granpatre dice cordialmente “Benvenite” a Anna. Ille la reguarda con oculos seriose, pare contente e murmura: “Hm, naturalmente un estraniera ... ma illa non es fede ...”

Ridente Hugo explica a Anna que le granpatre la ha date le plus alte nota de approbation[42] que on pote expectar ab ille. Probabilemente ille dicerea lo mesme a “Miss Universo”.

QUESTIONES

1. Ab certe verbos in iste texto on pote formar substantivos, finiente in **-ion**. Le quales es illos? (Exemplo: **approbation** ab **approbar**). 2. Le quales es le parolas geographic que vos ha apprendite usque nunc? 3. Que dicerea vos (si vos es un viro) a Miss Universo? Si vos es un femina: Que vole vos que le homines vos dicerea quando vos essera Miss Universo?

18 Lection dece-octo/ Dece-octave lection

IN LE GRANDE MAGAZIN

Un voce in le telephono voca Hugo: "Ecce Anna qui parla. Esque tu volerea ir con me al Grande Magazin pro comprar alcun cosas? Esserea bon haber tu compania." – "Aha!" responde Hugo, "tu vole dicer que tu me besonia como portator?" – "No, io non voleva dicer lo; tu ipse lo ha dicite ..." illa ride. – "Benissimo, 'sempre preparate', io venira."

Illes se revide al entrata de un grande magazin que forni cata die milles de personas con milles de merces a precios alte e basse. In un departimento on vende vestimentos, cappellos, scarpas, calceas pro senioras e calcettas pro seniores, camisas, robas etc. Jam al prime tabula a vender un venditrice les saluta con un surriso affabile: “Vos desira?” – Anna: “Io volerea un par de guantos.” – Venditrice: “Ecce alcunes in colores diverse!” – Anna: “Io prefere le guantos nigre. Quanto costa istos?” Anna proba un par, duo pares, multes. Hugo non monstra ulle signo de impatientia. Hugo es un homine extraordinari[43]. Finalmente Anna constata que illa non trova un par conveniente: “Debe ir a un boteca specialisate”, illa conclude. Nunc illes va comprar alimentos. Rapidemente illes plena un corbe con pan, butyro, caseo, salsicias etc. A un cassa al exito sede un cassera qui face le conto que Anna paga per un grande nota de banca de cento coronas. Le cassera debe cambiar lo e retorna le resto a Anna in alcun notas de banca minor e in monetas de argento e de cupro.

QUESTIONES
1. Que es le verbo ab le qual “portator” es derivate? 2. Venditrice es un femina qui vende. Como se appella un homine qui vende? 3. Que es le plus grande: un boteca o un magazin? 4. Que colores ha vos apprendite usque nunc in interlingua?

19 Lection dece-novem/Dece-none lection

VIAGE IN TRAINO CON COMPANIA CURIOSE

Un die Hugo debeva viagiar per traino a un congresso. Essente[34] un poco in retardo ille prendeva un taxi al station central del ferrovias. Ibi ille cercava le platteforma tres, curreva al traino e succedeva attinger lo justo in le momento del partita. Ille passava /per/ duo compartimentos de fumatores e un de non-fumatores ante trovar un sede que semblava libere. Ille demandava un seniora, indicante per su mano le sede: "Excusa me, es iste sede occupate?" – "No, senior", illa diceva, "illo es libere, si il vos place!" – "Gratias, seniora!"

Hugo vide que su con-viagiatrice ha in su compania un parve puera del etate de cinque o sex annos, sedente sur le sede opposite. Illa es dulce, con le capillos longe e blonde e le oculos azur – grande oculos que reguarda con vive interesse toto in su ambiente. Nunc Hugo es in le centro de su interesse: un momento de concentration e illa explode in questiones: "Que es vostre nomine?" – Hugo responde politemente. – "A ubi vos vadera?" – Hugo la informa. – "Ha vos un billet?" – Hugo la assecura[44] que si[45]. – "Quanto costa vostre viage?" – Hugo pote dar la un responsa exacte. – "Quante moneta possede vos?" – Hugo continua responder patiente- ma inexactemente[46]. –

“Qui es le persona le plus ric que vos cognosce?” – Hugo: “Non sape. Forsan tu?” – “Oh no, ma: como se appella vostre marita?” – Regrettabilemente Hugo non sape que responder[47]. Non importa, illa sape como evitar[47] pausas: “Qual color de oculos prefere vos?” – Hugo reguarda su oculos azur e pensa a un altere par de oculos brun ... “Senior Hugo, proque non responde vos plus?!”

20 Lection vinti/Vintesime lection

IN UN HOTEL E UN RESTAURANTE

Arrivate al urbe del congresso, que ha tamben un grande porto e es multo frequentate per estranieros, Hugo hasta a su hotel. – "Bon die, senior, e benvenite a nos!" – "Bon die! Io ha reservate un camera a un lecto e con banio pro tres dies. Mi nomine es Hugo Nordanus." – "Ben, un momento, senior, vos habera le camera numero 87 (octanta-septe), ecce le clave. Vole vos, per favor, reimpler iste formulario e mitter vostre signatura[42] in nostre registro de viagiatores? Le camerero vos adjuta con le bagage."

Post un medie hora Hugo se dirige al restaurante del hotel, ubi un servitor le da le menu (carta de mangiar). Il ha plure plattos de pisce e de carne, patatas frite o cocite, verdura. Hugo commanda immediatemente suppa e un platto de carne, nam ille es pressate, e le servitor demanda: "E, que prende vos pro biber? Nos ha le biberages sequente: aqua mineral, succos de fructos, vinos, lacte." – "Aqua mineral, per favor, e pro finir un tassa de caffe, sin crema, nigrissime!" – Un servitrice comencia poner le plattos, un vitro, un cultello, un furchetta e un coclear, e tosto – certo intra un hora – Hugo habera su dinar.

QUESTIONES

Que significa in interlingua e in vostre proprie lingua le sequente vocabulos italian? 1. cucchiaio, 2. forchetta, 3. piatto, 4. cultello.

21 Lecection vinti-un/Vinti-prime lection

I. HUGO COMO ORATOR PUBLIC

Mangiante su excellente dinar ibi in le restaurante, Hugo audi ex un radio reportos del cruelitates[49] de un guerra in un pais lontan. On reporta hodie de milles de victimas, plure centos jam morte, alteres o moriente o con vulneres mortal. Subito le manca le appetito.

Post un o duo horas ille stara ante le congresso del Association del Amicos del Nationes Unite, parlante re le "Super-population e le problemas alimentari". Vos, car lector, qui cognosce Hugo, vos sape que ille es un poco timide[50]. Que vos le da nunc vostre appoio![51]

Jam es le tempore: Hugo ascende le tribuna pro comenciar su discurso. Ille es nervosissime. Su geniculos tremula, il le sembla mesmo que illos tremula si forte que isto debe esser audibile ... Ille senti le sudor a su fronte, su genas es pallide[50], su labios sic e in le bucca su lingua es rigide como un pecia de ligno. "Parlar essera impossibile", ille pensa. "Tote le mundo me reguarda. Al ultime grado del scala io va cader. On ridera usque alcuno trovara que mi corde non plus batte, que io ha habite un collapso a causa de 'timor[50] del scena' ..."

QUESTIONES

1. Proque perde Hugo le appetito? 2. Explica nos lo que es un "vulnere mortal"! 3. Proque besonia Hugo nostre appoio? 4. Explica in simple parolas lo que significa "super-population"! 5. Que pote le publico vider de su nervositate? 6. Que time ille? 7. Que color ha su genas quando illos es "pallide"?

22 Lection vinti-duo/Vinti-secunde lection

II. HUGO COMO ORATOR PUBLIC

Ma in iste momento ille nota – con gratitude[49] – que su altere "ego", le embryon de un medico intra ille, constata sobriemente: "Aha, ecce un caso de panico! Io debe calmar iste stupide asino que es io: geniculos tremulante nunquam es audibile. E vide, ibi sede al minus duo homines qui te non reguarda. Illes garrula! In iste momento solemne! Isto es quasi un offensa! Tu debe eveliar les! Attraher lor attention al thema de tu discurso! Tu corde es in ordine perfecte con omne su valvulas e cameras e venas. Toto es in ordine."

QUESTIONES

1. Como se appellava Hugo, notante que ille esseva troppo nervose? 2. Que es le opposito de "nervose"? 3. Proque se trovava ille offendite?

23 Lection vinti-tres/Vinti-tertie lection

III. HUGO COMO ORATOR PUBLIC

Nunc ille jam sta sur le tribuna, detra le cathedra. Un o duo secundas ille ha state ibi e isto ha producite in le auditorio le effecto que illo ha devenite silente. "Nunc o nunquam!" Ille audi su proprie voce: "S-senioras ... e seniores! Car amicos!" De novo un pausa, brevissime, ma con effecto, ille constata. Nunc mesmo le garrulantes ha incatenate lor linguas. "Io les dominara." Rapidissimo vola trans su mente un pensata de satisfaction: "Bonissime que io ha abandonate mi prime intention de comenciar per ille phrase antiquate: 'Jam le ancian egyptianos'[52] ..." Plus belle nunc sona: "Heri, hodie, deman – un problema es le mesme. Heri, hodie, deman – un question remane de importantia indiscutibilemente vital. De ubi prender nostre pan quotidian? In le regiones de prosperitate[49], in que nos, felices, habita, iste question non se pronuncia tanto sovente, ma nos sape que alterubi ..."

Justo in iste momento quando ille ha ganiate su prime victoria super le timor, ille discoperi in le sala, in le tertie rango de bancos – illa, Anna, su Anna ...

QUESTIONES

1. Ille stava alcun secundas sur le tribuna sin parlar. Proque? 2. Como se appella un homine qui ha ganiate un victoria? 3. Como explicar le expression "regiones de prosperitate"?

24 Lection vinti-quatro/Vinti-quarte lection

IV. HUGO COMO ORATOR PUBLIC

Anna le habeva promittite un surprisa – e ecce illo: Su presentia in le sala del congresso! Ille parla, ille senti un vivificante[53] calor[50] sublevar se in su interior, ille parla, ille es le maestro del thema, le manuscripto ante ille es non-toccate, su voce se leva e se bassa, ille lo sona como un instrumento musical: illo es portator de su sentimentos[55], de su argumentos, ille parla – nunc a illa sol; le alteres, le criticos, le collegas qui forsan le deridera, non importa plus, non existe!

Il es evidente que le publico se ha tornate in favor de su ideas. Illo sede, captivate del ardor e del brillante argumentation del juveno sur le tribuna. Ma subito un pensata le frappa como un fulmine: "Io pensa que io parla a illa, durante que illa non comprende un singule parola de mi lingua maternal ...!" Nunc, ille ha arrivate al fin de su discurso, le pausetta quando "le fulmine" le frappava, esseva a pena remarcabile. Ille fini per un appello, acceptate con applauso forte e plen de sympathia.

Tamben Anna applaude, longe-, forte- e enthusiasticamente ...

QUESTIONES

1. Como Anna le surprendeva? 2. Esque le facto que Anna esseva in le auditorio le ha facite plus nervose? 3. Tamben Anna applaude. Proque, crede vos

25 Lection vinti-cinque/Vinti-quinte lection

LE PRIME NIVE

Le autumno tosto va transir in hiberno. Le arbores sta nude, jam /depost/ longe tempore disfoliate. Il es un vespere autumnal, un vespere de autumno tarde.

Hugo e Anna ha passate le ecclesia e nunc se promena a transverso le parco. Le aere es fresc. Durante tote le die le celo habeva essite obscur e nunc on pote vider ni le luna ni le stellas.

"Le autumno me pare un tempore triste", dice Anna, "si gris e pluviose. Tamben le hiberno non me place con su frigor." – "No, tamben a me illo non gusta multo", consenti Hugo, "ma le natura debe dormir. E pensa a isto: le hiberno precede le primavera, con su flores e odores. E postea veni le estate, calide, con sol e belle tempore sempre, sempre!" (Al pluvias estive, que non es si infrequente, illes non pensa.)
"Ah", Hugo continua con enthusiasmo pretendite, "refrescar se per banios in le undas de un mar salin!!" Anna ride: "Evidentemente le autumno non face te troppo triste!" – "No, iste autumno me sembla supportabile ...", ille replica immediatemente, e prendente le mano molle de su amica, ille adde, seriose, "considerante que io va 'hibernar' e ir al incontro del primavera con te."

Mano in mano illes continua lor promenada, tacente. Subito illes se arresta, e torna lor facies in alto. Lentemente comencia cader le prime nive. Illes se reguarda – e lor labios se incontra,teneremente, in le prime basio.

E nunc, car lector, nos dice – discretemente – "Adeo!" a Hugo e Anna.

26 Lectiones vinti-sex e vinti-septe/ Vinti-sexte e vinti-septime lectiones 27

EXTRACTO EX UN JORNAL QUOTIDIAN

(Ab le reportero special del Agentia de pressa ABC)

In le recente conferentia de UNESCO – le Organisation del Nationes Unite pro Education, Scientia e Cultura – le delegatos de plure statos-membros exprimeva lor satisfaction[42] del numerose nove initiativas prendite per le secretariato pro le disveloppamento[55] de servicios facilitante le excambio de informationes[42].

In le debattos causate per le propositiones de certe nove mesuras pro attaccar le analphabetismo, quatro delegationes se univa in un protesto contra le retardamento[55] del planos, que, per consequente, significa tamben un retardamento correspondente in le realisationes[54] practic. “Pro que non”, demandava le chef de un del delegationes in su discurso, pronunciate con multe habilitate e temperamento, “proque non projectar constructiones de scholas que es usabile in plus que un region?” Un tal standardisation[54] diminuerea le costos de milliones innumerabile. Tamben un standardisation de manuales, p.ex. (per exemplo) de mathematica, ducerea a economisation, manteneva le porta-voce de un altere delegation, qui addeva que le manco de instructores[42] pote esser remediate, in multe casos, per emissiones de radio e de television.

Le resolution, acceptate al fin del sessiones, recommenda: Primo: Le prioritate del lucta contra le analphabetismo debe esser manifestate per actiones resolute, rapide e rational. Secundo: Conforme a un proposition del Presidente del Assemblea General, le Consilios National debe studiar seriosemente omne possibile solutiones rational del problemas del communication linguistic inter le nationes.

Ante responder iste *Questiones*, relege § 42 concernente le formation de parolas ab le radice derivative ("radice duple" o le "thema").

Exemplo del structura

crea|r|	(morphema de base + *r*) = infinitivo
crea|t|ion	(morphema de base + t + *ion*) = subst., acto de crear o le resultato del crear
crea|t|or	= subst., alcuno qui crea
crea|t|ori	= adj., characteristic de alcuno qui crea
crea|t|ive	= adj., habente le capacitate de crear
crea|t|ura	= subst., toto que ha essite create

Forma secundo le structura demonstrate in supra altere series de substantivos e adjectivos con iste suffixos e adde le significationes in vostre lingua! (Certe formas pote exiger plure parolas pro lor explication.)

QUESTIONES

1. informa|r, 2. defini|r, 3. con|stru|e|r (-struct-),
4. pos|sed|e|r (-sess-), 5. age|r (-act-),
6. intro|duc|e|r (-duct-), 7. tele|vid|e|r (-vis-).

28 Lection vinti-octo/Vinti-octave lection

EXTRACTOS AUTHENTIC EX "SCIENTIA INTERNATIONAL - NOVAS DEL MENSE IN INTERLINGUA"
(Publicate per le Division de interlingua de Science Service)

RECERCA DE CANCER
Un sero anticancerose preparate per dr. B. Björklund de Stockholm, Svedia, e doctores J. Graham e R. Graham de Boston, Statos Unite de America, se ha monstrate capace a destruer cellulas cancerose in vitro, durante que illo non attacca cellulas normal in le mesme culturas. Le sero esseva preparate ex le sanguine de un cavallo que habeva recipite injectiones de miscite materia cancerose derivate ab 56 personas.

(Junio 1955)

ZOOLOGIA
Un del tortucas gigante que capitano Cook habeva capturate in le Galapagos e que ille presentava in 1777 al rege del insulas Tonga vive ancora e se trova in bon sanitate. Illo es un favorito del familia del regina Salote.

(Decembre 1954)

GEOLOGIA
In duo lacos al interior de Norvegia, aqua salin esseva recentemente constatate a profundores de circa 100 m. Dr. H. Holtan del Instituto Norvegian

de Recercas Hydrologic, explica ille facto per le hypothese que 10.000 annos retro, post le plus recente epocha glacial, grande partes de Norvegia esseva infra le superficie del oceano. Dr. Holtan ha calculate que le superficie del oceano ha descendite depost ille tempore per circa 45 m.

(Augusto 1965)

COMPUTATORES ELECTRONIC

In Scandinavia, computatores electronic es plus numerose - in relativitate al population - que alterubi in Europa.

(April 1965)

QUESTIONES

1. Como scribe vos per litteras omne cifras in iste lection? 2. Que describe zoologia e geologia, le duo scientias mentionate in iste textos? 3. A que branca de scientia pertine le recerca de cancer?

29 Lection vinti-novem/Vinti-none lection

ARCHITECTURA

Ab Russia on reporta enorme progressos in le construction de edificios a partes prefabricate. In Kiev un prefabricate edificio a cinque etages esseva complite in 63 dies, e in Magnitogorsk dece obreros ha erigite un edificio de tres etages con 36 appartamentos in 28 dies. On expecta que verso le fin de 1956 circa 20 pro cento del russe construction de domicilios urban va usar le technica del partes prefabricate. Architectos statounitese dubita del exactitude de iste reportos, ma illes possede nulle base de comparation proque in le Statos Unite le construction ex partes prefabricate es limitate quasi integremente a edificios sin etages.

(Februario 1955)

MORBOS CARDIAC

Recente studios epidemiologic in Japon e le Statos Unite ha demonstrate que morbos cardiac es plus frequente in areas de aqua molle que in areas de aqua dur. (Aqua molle es aqua a basse contento mineral; aqua dur es aqua a alte contento mineral.) Le mesme correlation es nunc reportate ab Svedia a base de un vaste studio del causas de morte ab 1950 a 1960 in le complete population de omne citates svedese con plus que 25.000 habitantes.

(Martio 1965)

COMMUNICATIONES

Phocas e delphinos (como multe altere animales) es capace de communication interindividual per sonos expressive de dolor, gaudio e varie altere emotiones. On ha succedite a transmitter telephonicamente le sonos producite per un tal animal in Florida a un altere in Hawaii. Il pare que le duo se comprendeva perfectemente. Lor conversation telephonic coperiva un distantia de circa 9.000 kilometros e esseva conducite in sonos de un frequentia de 2.000 cyclos per secunda.

(Junio 1965)

QUESTIONES

1. Que es un “edificio”? 2. In que organo del corpore se monstra morbos cardiac? 3. Exprime per un phrase lo que occurre in le notitia “Communicationes”!

30 Lection trenta/Trentesime lection

PROVERBIOS IN INTERLINGUA

(Ex un libro non ancora publicate, compilate per P. Dornbach)

Cata rana se crede Diana.
Del dicto al facto es grande tracto.
Palea e foco non sta ben in un loco.
Al tempore de ficos non manca amicos.
Que es licite a Jove, non es licite a bove.

In le introduction de iste curso de interlingua nos trova indicate un possibile solution del problemas practic de communication linguistic: *Un convention inter un numero de statos, le qual garantirea a cata cive un inseniamento elementari de interlingua.* Un tal instruction non prenderea tempore ab altere subjectos scholar, proque le cognoscentia del vocabulario international esserea utile *e* in le lingua materne de quasi omnes, *e* in le altere linguas que on debe (o vole) studiar in le scholas tamben in le futuro. (Le publicationes scientific del grande nationes essera durante longe tempore necessari pro omnes, le litteratura nunquam superflue!)

Como se realisara un tal introduction official de interlingua in le scholas? (Le nove, juvene generation lo facera!) Secundo nostre opinion illo presupponerea i. a. le creation de un instituto international que se occuparea del elaboration de manuales e cursos pro radio e television e de dictionarios pro omne linguas concernite, e del education de professores designate a inseniar futur instructores del idioma international. In addition illo se occuparea del edition de un revista mensual dedicate a questiones linguistic e al methodos de diffusion de interlingua e de un revista mensual cultural e forsan tamben de un septimanal popular con un contento multo general e variate.

Le centralisation, in le stadio initial, de iste activitates garantirea un alte grado de stabilitate del lingua, impediente omne risco de dissolution del lingua in dialectos. Le apprehension que un tal dissolution occurrerea es multo exaggerate in nostre era de possibilitates quotidian de contactos global per radio e television, telephono e internet con posta electronic. E in nostre tempore le methodos moderne de registration de voces rende practicabile le uso in le scholas de registrationes identic, como un norma, in audiocassettas e discos compacte (CDs e DVDs) – assi ben in Argentina como in Zambia.

Naturalmente vostre studios non debe finir ancora: iste curso vos da le grammatica e le mille quatro centos parolas le plus frequente, e duo milles nos sembla un minimo. Nos vos recommenda leger textos ex multe campos. Lege regularmente un magazin in interlingua e le libros de nostre litteratura – plus que 150 libros in Servicio de Libros! Quando vos es “matur” – lege Gode: *Dece Contos* – le perla de nostre litteratura usque nunc.

Scribe a un del adresses in infra e annuncia vos como membro e/o abonato de un periodico in interlingua!

E super toto: scribe immediatemente a un organisation pro venir in contacto con altere utilisatores de iste lingua que pertine a tote le mundo, isto es tamben a *te*!

QUESTION FINAL

Como volerea vos organisar le introduction de un lingua auxiliar mundial?

Invia vostre responsa al autor: Ingvar Stenström, Vegagatan 12, SE-432 36 Varberg, Svedia.

Posta electronic: secretario@interlingua.nu.

Clave 1
RESPONSAS DEL QUESTIONES IN TEXTOS

Attention: Multe varie alternativas es possibile!

LECTION 2

1. Ille reguarda le belle senioretta.
2. No, ille la reguarda con interesse.
3. Le juvene senior es elegante.
4. Illa pensa: "Le senior elegante me reguardae ille pensa que io es belle."
5. No, io non pensa que ille es fatigate.

LECTION 4

1. Nunc illes sede su/pe/r le banco, un presso le altere.
2. No, un amico de Hugo se approcha.
3. Critar.
4. Altere cosas le absorbe.
5. Ille debeva approchar se e critar.
6. Hugo pensava al juvene senioretta.
7. Le conversation non esseva interessante.

LECTION 5

1. Illa lege su libro.
2. Tamben ille lege le libro de illa.
3. Ille vole informar se concernente illa.
4. Illa lege un libro re (concernente) le Nationes Unite.
5. Le libro es scribite in interlingua.
6. Hugo ha vidite iste lingua in libros e periodicos medical.
7. No, ille non lo ha legite.

LECTION 6

1. Si, Hugo pote leger interlingua. Omne medicos pote leger lo sin studio.
2. Ille vole tamben parlar con le belle senioretta.
3. Ille intendeva cercar un manual e un dictionario del idioma international.
4. Si, ille es multo diligente.
5. Un dictionario es un libro con multe parolas.

6. Io (Nos) utilisa un manual a (pro) apprender factos o un lingua.

LECTION 7

1. No, le nomines del menses non es difficile in interlingua.
2. On vide le luna in le nocte.
3. Le adjectivo es “original”.
4. A voce basse.
5. Ille vole poter fixar le dies de su incontros futur con illa.

LECTION 8

1. Hodie es ...
2. Il es le ...
3. Il es duo horas minus quatro /minutas/.
4. Le traino arriva a 22h38 (vinti-duo e trenta-octo).
5. Heri esseva ...
6. Deman essera ...
7. Illes arriva a ... horas.

LECTION 9

1. “Vader con un persona”.
2. Io ama ...
3. Ha tu mangiate? Ha tu te lavate? Ubi es tu libros?

LECTION 11

1. Hugo bicycla. O: Hugo veni a casa per bicyclo.
2. Ille es multo fatigate; bicyclar es pesante.
3. Un auto nove costarea multe moneta. Illo esserea troppo car.
4. Ille comprarea un auto pro se e donarea su bicyclo a su fratre.
5. Io ... -rea ... etc.

LECTION 13

1. Un essayo es un presentation scribite de factos e de explicationes concernente iste factos.
2. In un jardin on pote vider flores de omne colores, verdura e arbores.
3. Infrequente, non sovente.
4. No, isto occurre frequentemente (sovente).

5. Le professor dice: "Aha, ecce un charmante manifestation del humor de mi studentes! Quanto illes es sympathic ..." O forsan vos ha un alternativa plus realistic?

LECTION 14

1. No, nos lo attendeva durante 13 lectiones.
2. Ille comprende que illa le recognosce.
3. No, ille ama solmente le facie de illa.
4. Si, multo ben, como le lector de iste curso!
5. Un bibliotheca es un collection de libros, multe libros.

LECTION 16

1. No, le distantia es curte.
2. Il ha septe personas.
3. "Un platto favorite" es le mangiar que on ama multo e sempre prefere.
4. Proxime.

LECTION 17

1. Possession, diction, provocation, induction, comprension, explication, expectation.
2. Urbe, campania, village, pais, terra, mundo, universo.
3. Viro: "Vos es le sol femina qui es tanto belle como mi sonios."
Femina: "Ecce un kilo de diamantes."

LECTION 18

1. Portar.
2. Venditor.
3. Un magazin es plus grande que un boteca.
4. Nigre, blanc, brun, verde, jalne, rubie.

LECTION 20

1. Coclear.
2. Furchetta.
3. Platto.
4. Cultello.

LECTION 21

1. Ille pensa al povre victimas del guerra.
2. Un vulnere mortal es un vulnere si grave, si seriose que on mori a causa de illo.

3. Ille es multo nervose.
4. Superpopulation significa que il ha troppo de humanos in relation al alimentos disponibile.
5. Su pallor. (Que ille es pallide.)
6. Ille time que ille cadera.
7. Illos es quasi blanc.

LECTION 22

1. Hugo se appellava un asino [asino].
2. Calme.
3. Ille considerava su discurso "un momento solemne", le qual on deberea respectar.

LECTION 23

1. Ille voleva dar al auditores le occasion de concentrar se e finir lor conversation.
2. Un victor.
3. Partes del mundo o de un pais, le quales es ric.

LECTION 24

1. Illa esseva sin su cognoscentia in le sala del congresso.
2. No, isto esseva un inspiration que le faceva oblidar su nervositate.
3. Illa le trova sympathic.

LECTIONES 26–27

1. Information, informator, informatori, informative.
2. Definition, definitor, definitori, definitive.
3. Construction, constructor, constructori, constructive, /con/structura.
4. Possession, possessor, possessori, possessive.
5. Action, actor, actori, active.
6. Introduction, introductor, introductori, introductive.
7. Television, televisor, televisori, televisive.

LECTION 28

1. Cinquanta-sex, mille novem centos cinquanta-cinque, mille septe centos septanta-septe, mille novem centos cinquanta-quatro, cento, dece milles, quaranta-cinque, mille novem centos sexanta-cinque.

2. Zoologia describe le animales. Geologia describe le terra, su formation, su structura e su evolution.
3. Illo pertine al medicina.
LECTION 29
1. Un domo, un grande casa.
2. In le corde.
3. On ha demonstrate que
phocas e delphinos pote communicar telephonicamente.
LECTION 30
Le responsas del question final es, sin dubita, multo individual e omne iste responsas interessarea le autor de iste libro. Ille vos preca: invia vostre responsa, longe o breve, a Societate Svedese pro Interlingua, Vegagatan 12, SE-432 36 Varberg, Svedia, o al organisation interlinguistic
de vostre pais!

Clave 2
SOLUTIONES DEL EXERCITIOS IN PARTE 2

LECTION 1
1. bancos, le bancos blanc.
2. Duo seniores sede su/pe/r un banco.
3. Si, illo (illos) es blanc.
4. Si, ille (illes) es elegante.
5. Si, illa (illas) es elegante.
LECTION 2
1. Esque vos vide (Vide vos) un juvene senioretta super le banco?
2. Si, senior, io la vide.
3. Vos debe vider la!
4. Illa es non solmente juvene, ma tamben belle.
5. Que dice le juvene senior a illa?
6. Nostre juvene senioretta non responde.

7. Responde me!
8. Sede super le banco!
9. Vide! O: Reguarda! (O = alternativemente)

LECTION 3

1. 76 = septanta-sex.
2. 135 = cento trenta-cinque.
3. 1971 = mille novem centos septanta-un.
4. 12 434 = dece-duo milles quatro centos trentaquatro.
5. 778 903 = septe centos septanta-octo milles novem centos tres.
6. 18 765 432 = dece-octo milliones septe centos sexanta-cinque milles quatro centos trenta-duo.
7. 32×4 = 128 = trenta-duo vices quatro es cento vinti-octo.
8. le septime.
9. le octanta-tertie.
10. le decime.
11. le dece-prime. O: le dece-unesime.
12. le octave. O: le octesime.
13. le dece-none. O: le dece-novesime.
14. Le amico del juvene senior.
15. Le historia de nostre amico.
16. Ille conta le parolas del lection.

LECTION 5

1. videva, esseva, prendeva, habeva; faceva, stava, videva, sedeva; reguardava, debeva, pensava, diceva, permitteva, respondeva, faceva;
(Lection 5:) abandonava, poteva, discoperiva, legeva, reguardava, videva, voleva.
2. ha + vidite, essite, prendite, habite, facite, state, vidite, sedite; reguardate, debite, pensate, dicite, permittite, respondite, facite; (Lection 4:) sedite, passate, salutate, vidite, audite, absorbite, remarcate, approchate, critate, state, respondite, sentite, parlate, essite; potite, legite, essite, reguardate, vidite, legite, essite, volite.

LECTION 8

1. Le libro ha essite scribite per le medico.
2. Le libros esseva scribite per ille.

3. Le libro habeva essite scribite per un professor.
4. Esque le letteras essera scribite per le secretario (secretaria)?
5. Le programma esseva finite per le presidente.
6. Ulla es belle, Birgitta es plus belle, ma Anna es le plus belle.
7. Le substantivo es le parola le plus importante.
8. Iste maniera es tanto facile como le altere.

LECTION 9

1. Quando ille habeva vidite (Post haber vidite) le libro, ille lo comprava (lo ha comprate).
2. Del matino (In le matino) ille labora mal, pejo que ille lo face del vespere (in le vespere).
3. Esque illa voleva dar le le libro? O: Voleva illa dar le le libro?
4. Si, illa le lo dava (illa lo dava a ille).
5. Ha vos tamben libros nove?
6. Illa me los ha comprate. O: Illa los ha comprate a me.

LECTION 11

1. inutile. 2. improbabile. 3. intolerante. 4. injustitia. 5. irreparabile.

LECTION 14

1. Un homine (viro) suffrente.
2. Un question surprendente.
3. Aperiente le porta (Quando illa aperiva le porta), illa videva le juvene homine.
4. Parlante con estranieros, ille non esseva impolite.

LECTION 16

1. regional. 2. additional. 3. vital. 4. natural. 5. mundial. 6. telephonic. 7. cyclic. 8. mercantil. 9. fragmentari.

LECTION 19

1. Quante pueras videva vos in le compartimento?
2. Illes (Illas) demandava quanto illes (illas) debeva pagar.
3. Quando comencia/ra/ le congresso?
4. Qui es le matre del puera?
5. Ubi es tu marita?
6. Qui cognosce vos?
7. Qui vos cognosce?
8. Que trovava ille?

9. Que libros (Qual libros) ha vos legite?
10. Qual flores comprava illes?
LECTION 22
1. Per favor, apporta nos pisce, patatas, duo vitros de lacte pro le infantes e duo vitros de succo de fructos (juice) pro mi marita e me.
2. Omne guerras es cruel.
3. “/Il/ es difficile comenciar un discurso”, Hugo pensava.
4. Su corde batteva e ille non se sentiva multo allegre.
5. Le juvene medico non se comportava como un heroe

第二部分

Explicationes/解释

Lection 1

LISTA DE VOCABULOS

prime 第一
vos 你，你们
vide 见
un 一（个）
libro 书
nigre 黑色的
le 这（定冠词）
es 是
esque 吗
illo 它
grande 大的
no 不
senior 先生
non 不…
micre 小
io 我
prende 拿，取
blanc 白
nunc，**ora** 现在
ha 有
duo 二
e 和
ecce 瞧
ille 他
elegante 雅
que 什么
face 做，作
sta 站
ante 在…前
banco 长凳
on 某（人）
solmente 只
ma，**sed** 但是
sol 孤独地
seniora 女士
sede 坐
sur，**super** 在…上

EXPLICATIONES

解释1 Un =英语的 a, an（不定冠词）。

解释2 Le =英语的 the（定冠词），表示前面已提过的人或物。
可以是男女和中性，以及单复数。对照英语，如：
le libro (the book)
le libros nigre (the black books)
le seniora elegante (the elegant woman)
le interesse (the interest)

解释3 -s, -es 表示复数名词。
在元音结尾时，加**-s**；如：auto，**autos** (一些车）。
在辅音结尾时，加**-es**；如：union, **uniones**（一些联盟）。

注意：加复数词尾后，强调的元音不变。

EXERCITIOS

翻译：

1. 一些长凳，一些白色的长凳。
2. 长凳上坐着两位男士。

解释4 单词 nigre 是形容词。形容词一般在名词的后面（如罗曼语）。
但日常简短形容词可以放在名词的前面。对照英语，如：

un **bon** amico (a good friend)
le **grande** libro (the big book)
le **ju̲vene** senior (the young gentleman)
le **ve̲tere** amicos (the old friends)

解释5 libros nigre =英语的 black books。
形容词保持不变。与性别及单复数无关。对照英语，如：

un libro **rubie** (a red book)
duo casas **rubie** (two red houses)

解释6 Si, **illo** es nigre。
代名词 illo 代替重复名词 le libro 。如：

名词：		代名词		对照英语
♂	人或高等动物	单数	**ille**	he
椨	人或高等动物	单数	**illa**	she
中性	东西或低等动物	单数	**illo**	it
♂（或♂和椨）	人或高等动物	复数	**illes**	they
椨	人或高等动物	复数	**illas**	they
中性	东西或低等动物	复数	**illos**	they

EXERCITIOS

正确填充代名词：

3. Esque le libro/s es blanc? – Si, . . . / . . . es blanc.
4. Esque le senior/es es elegante? – Si, . . . / . . . es elegante.
5. Esque le seniora/s es elegante? – Si, . . . / . . . es elegante.

Lection 2

LISTA DE VOCABULOS

secunde 第二
juvene 年轻的
reguarda 观看
reguardar 注视，…作为
dama 女士
illa 她
senioretta 小姐
belle 漂亮
la 她（宾格）
con 同
interess|e 兴趣
interess|ar 使…感兴趣
interess|ante 感趣的
interess|ate 兴趣
nostre 我们的
amico 朋友
le 他（宾格）
tamen 可是，然而
sin 没有
nos 我们
debe 应该
constatar 确认
iste 这，这些
facto 事实
tragic 悲惨的
ja(m)已经
pensa 想
fatigate 疲劳的
seder 坐
seder se 坐下
dice 说
dicer 说
a 在，到，对
excusa 原谅
me 我（宾格）
permitte 许可
permitter 许可
que（连词）
responde 答
responder 答
responsa 回答
per 每
parola 单词
signo 信号
capite 头
capital 重要的
urbe capital 首都
question 问题
multo 非常，很

EXPLICATIONES

解释7 代词作为主格和宾格。如下表：

单数	主格/介词宾格	宾格
第一人称 我	**io（不可作介词宾格）**	**me**
第二人称 你 您	**tu（不可作介词宾格）** **vos**	**te** **vos**
第三人称 他 她 它	**ille** **illa** **illo**	**le** **la** **lo**
复数		
第一人称 我们	**nos**	**nos**
第二人称 你们 您们	**vos** **vos**	**vos** **vos**
第三人称 他们 她们 它们	**illes** **illas** **illos**	**les** **las** **los**

句子中，主格和宾格一致时，反身代词 **se** 作为宾格代词。如英语的 himself/herself/itself/oneself ：

Lavar se = to wash oneself.

Ille se lava = he washes himself.

不定代词 **on**（主格）/**uno**（宾格）=英语的 one。

解释8 第一课的 **vide** 看，**prende** 拿，**face** 做，**sta** 站，**sede** 坐，及第二课的 **reguarda, debe, pensa, dice, permitte** 等动词是现在时，表示

现在正在或总发生的动作。因特语的现在时态是以**-a**, **-e** 或**-i** 结尾的，没有人称及单复数的变化。

英语的 have，has，现在进行时 is having 在因特语都是 **ha**。如：**Ille ha problemas** 表示英语的 he is having problems。

解释9 **Constatar** 建立，**seder** 坐，**audir** 听，**finir** 完成，是动词的不定式（词典中能查到的动词基本形式），是时态（现在、过去、未来等）变化的原形。因特语中，不定式总以**–r** 结尾。现在时态是去掉**–r** 词尾的。

注意重音总在最后一个辅音前的元音上。如:

seder 坐，**ille sede** 他坐着。

EXERCITIOS

翻译：

1. 你看见长凳上的小姐吗？
2. 是的，先生，我看见她了。
3. 你应该看她！
4. 她不仅年轻，还很漂亮。（还 **tamben** / **etiam** / **anque**）
5. 那男生跟她说什么？
6. 我们的这位小姐没回答。

解释10 **Excusa!**（对不起！）是命令形。变化与现在时相同，但主语（我/你...）省略了。

EXERCITIOS

翻译：

7. 回答我！
8. 坐在长凳上！
9. 看！

解释11 副词 **non** (不) 起否定作用，位置在要否定词的前面。

解释12 **a** 是介词，如英语的 to/at/in/on。后面的宾格代词如上表。如：**ille face un signo a me, a te, a ille, a illes** 等。

a 与 **le** 合并成简略形式是 **al**，如英语的 to the... / at the...。

Lection 3

EXPLICATIONES

解释13数字有两个类型。**un, duo, tres** 等是基数词，**prime, secunde, tertie** 是序数词。严格上说，从基数到序数的形成是去除最后的元音再加词尾**-esime**。 **Vinti** = 20, **vintesime**（注意重音位置）= 第20。

很多因特语词来自于不规则的拉丁词干（如 primary, secondary），这就使常见的低位序数词为不规则，以及从“第20”以后为高位序数词有规则（**vintesime, trentesime, quarantesime**）变得有意义了。

可采用写下一组数字。如：大笔的钱、距离或电话号码，然后马上用因特语说出这样的练习。

EXERCITIOS

用字母写：

1. 76
2. 135
3. 1971
4. 12,434
5. 778,903
6. 18,765,432
7. 32 × 4 = 128
8. 第7
9. 第83
10. 第10
11. 第11
12. 第8
13. 第19

日期数字，除了每月第一天由序数词表示（**e prime de septembre, le prime de april**）外，所有其他的日子都由基数词表示（**le duo de martio, le tres de augusto, le quatro de Julio**）。

解释14 de 表示“…的”。

Le continuation del (= de le) historia（故事**的**续篇）中的 **de**“**的**”表示拥有关系。又如: **le can de Hugo**（余果**的**狗）。

因特语中 **de le** 可收缩为一个 **del** 单词。如：**le libros del amicos**（朋友们**的**这些书）。**Le casa de un amico**（一位朋友**的**房子）。

因特语中 **a le** 收缩为一个 **al** 单词。

EXERCITIOS
翻译：

14. 这年轻人的朋友。
15. 我们朋友的故事。
16. 他数课文的单词（数 = **contar**）。

Lection 4

LISTA DE VOCABULOS

quando 当…的时候
illes 他们
sedeva 坐下了
ibi 那儿
presso…附近
altere 其他
le un … le altere 互相
su 他的/她的/它的
passava 过去了
salutava 招呼了
heroe 英雄
audiva 听见了
cosa 东西
absorbeva 吸引
troppo 太（多）
remarcava 注意了
tunc 然后
se approchava 接近了
critava 喊了
a 在，到，对
voce 声音
forte 强
bon 好
die 日子
como sta tu? 你怎么样?
salute! 你好！
gratias 谢谢
regratiar 感谢
ben 好
qui… 的…（关系代词）
sentiva 感到了
embarassate 难为情
embarassar 使难为情
parlava 说了
al(i)cun 某
minuta 分钟
conversation 会话
esseva 为，当
ubi 哪儿
proque 为什么
longe 长
tempore 时间

发音：除特别注明外，g是生硬的。

EXPLICATIONES

解释15 词尾是**-va**的动词，表示动作发生在过去。

ille sede (hodie)（现在）他坐着
ille sedeva (heri)（昨天）他坐了

动词不定式**seder**去除**-r**词尾，变现在时态**sede**，再加**-va**，成为简单的过去时态。如：

parlar parla parlava 讲　　**audir audi audiva** 听

Lection 5

LISTA DE VOCABULOS

（以后的动词只列动词不定式）

abandonar 放弃
poter 会，能
potentia 力量
lassar 留
pensata 思考
retornar 回
femina 女
feminin 女人的
charmante 迷人的
discoperir 发现
coperir 掩盖
maniera 办法
informar 通知，通报
information 情报
concerner 关于
concernente 关于（介）
leger 读
lectura 讲座
in general 一般
homine 人
viro 男
viril 男人的
virilitate 男子气，成年
(as)satis 充分，相当
discrete 谨慎，周到的
indiscrete 不慎，轻率的
hodie 今天
un poco/un pauco 稍微，一点
su 他的/她的/它的
su ... de ille 他的
su ... de illa 她的
re 关于（介）
nation 国家
unir 统一
unite 被统一的
Statos Unite de America (SUA) 美利坚合众国
organisation 组织，机构
organisar 组织
international 国际的
scriber 写
scribite 书面
inter …间，…中
lingua 语言
moderne 现代的
idioma 成语
auxiliar 辅助的
que 关系代词
utilisate 惯用
periodico 期刊
studente 学生
voler 要
devenir 成为
venir 来
medico 医生
medical 医疗的
medicina 医疗
medicar 医
medicamento 药
qual? 哪个？
que? 什么？

发音：关于-tion，-ti-参考 p. 75。

EXPLICATIONES

解释16 Ha ... -te:

动词完成时态是由 **ha** 助动词 + 过去分词（动词不定式去除词尾-**r**，再加-**te**。如 **abandonar – abandonate**）的两个词组成的。因为历史重大变故，动词不定式在以-**er**/-**ir** 结尾时，过去分词的词尾为-**ite**。如：**leger – legite, finir – finite**。

	ha abandonate	**ha scribite**	**ha discoperite**
对照英文	has abandoned	has written	has discovered

EXERCITIOS

重读1-5课，把所有的现在时动词换成一般过去时（**-va** 形式）。然后练习把动词换成完成时（**ha ... -te** 形式）。做几次口头练习后，再做书面练习。

Lection 6

LISTA DE VOCABULOS

prender un decision 决定
apprender 学
 apprendera 将要学
comenciar 开始
immediate 立刻的
 immediatemente 立刻地
visitar 访问
bibliotheca 图书馆，书房
pro 为
cercar 找
manual 手册
mano 手
dictionario 词典
a casa（回）家
in casa 在家中
attaccar 攻击
diligente 勤奋
diligentia 勤奋
studio 学习，研究
programma de studio 学习规划
fixe 固定的
fixar 固定，约定
habeva fixate 已约定了
intender 打算
intention 打算
multe 许多
multo 很，非常
rapide 快
rapidemente 赶快
thema 题材
divider 分
division 部门
primo 首次
nomine 名字
mense 月份
anno 年
explicar 说明，解释

EXPLICATIONES

解释17 将来时态 **-ra** 是由不定式 **+ -a** 组成。词尾 **-a** 读重音。

	visitara	**apprendera**	**finira**
对照英文	will visit	will learn	will finish

因特语的 **va** +不定式表示可能立即或即将发生的事情（如英语的 be going to）。如：

Illa **va prender** lo 如英语的 She is going to take it. 她打算拿这个。

解释18 三个主要动词：

动词不定式 对照英语	**ESSER** to be	**HABER** to have	**VADER** to go
动词现在时态 对照英语	**es/se** is, are	**ha/be** have, has	**va/de** goes, go
动词未来时态 对照英语	**essera** will be	**habera** will have	**vadera** will go
动词一般过去时态 对照英语	**esseva** was, were	**habeva** had	**vadeva** went
动词过去分词 对照英语	**essite** been	**habite** had	**vadite** gone

三个最频繁动词现在时态常常分别缩写成 **es, ha, va**。

命令形是 **esse, habe, vade**，虽是现在形，但一般不会省略（缩写）。

解释19 副词修饰动词、形容词及副词。如：

Nunc	**ibi**	**a pena**	**non del toto**
现在	那儿	几乎不…	决不

以**-o** 结尾的副词。如：

primo	**secundo**	**tertio**	**multo**
第一	第二	第三	非常

副词可从形容词尾加**-mente**，或者从形容词词尾是 c 时，加**-amente** 而来。如：

Le traino es rapide
对照英语 The train is quick (adj.)
Le traino va rapidemente
对照英语 The train goes quickly (adv.)
Leger es practic
对照英语 Reading is practical (adj.)
Io ha legite practicamente tote le libro
对照英语 I have read practically the whole book (adv.)

Lection 7

LISTA DE VOCABULOS

tosto 马上
isto 这
le 他（解释 7）
semblar 显得
facile 容易
difficile 难
postea 然后
a voce alte 大声地
septimana 星期
dominica 星期天
lunedi 星期一
martedi 星期二
mercuridi 星期三
jovedi 星期四
venerdi 星期五
sabbato 星期六
significar 表示
significa 表示（现在时）
Domino Deo 上帝
in latino 拉丁语的
luna 月亮
i.e. (isto es) 即
deo 神
dea 女神
guerra 战争
amor 爱（名）
origine 起源
hebree 希伯来的
importante 重要的
los 它们（宾格）
saper 知道
data 资料
mi 我的
incontro 约会
futur 将来的
futuro 将来
con illa 与她一起…
murmurar 含糊地说
sonio 梦
soniar 梦
de novo 重新，再次
supra 在…上
o 还是，或
nocte 夜
adjectivo 形容词
correspondente 相应的
substantivo 名词
basse 低

发音：清楚地发两个连续的元音。如：postea, deo, dea, hebree。

EXPLICATIONES

解释20 重音规则第二：当名词和形容词在下列五组词尾时，重音在倒数第三个音节上。

-le, -ne, -re: **facile** 容易 **nomine** 名字 **tempore** 时间

-ic, -ica, -ico: **technic** 技术的 **technica** 技术 **technico** 技术员

-ide, -ido: **timide** 羞怯 **acido** 酸

-ime **ultime** 最后

-ula, -ulo: **regula** 规定 **angulo** 角度，角落

记住这五组词的词尾，在遇到生词时，可以帮助你正确发音。

复数加**-s** 结尾时，不影响重音规则。如：

tempores（对照英语 times），**tempore**（对照英语 time）

重音在相同的音节上。

Lection 8

LISTA DE VOCABULOS

effortio 努力
concentrar 集中
continuar 继续
solo, solmente 只
omne 全，所有的
dividite 分割的，分隔的
consister de 由…组成
hora 小时
cata 各
il ha 有
secunda 秒
tamben (etiam ／anque) 也
benque 虽然
periodo 期间
curte 短
plus curte 较短
le plus curte 最短
breve 短暂的
mesura 量（名）
practic 实践的
on 某（人）
attender 伺候
alcuno 男人
alcuna 女人
longissime 很长
opposito 对面，对立面
numero 数
Que hora es il? 现在几点？
ante 在…前
post 在…后
quarto 一刻（钟）
medie 半
arrivar 到达
partir 出发
traino 列车
del vespere 晚上
del postmeridie 下午
heri 昨天
deman 明天

EXPLICATIONES

解释21 被动形由 **esser** + 过去分词两个词组成。如：

（因特语）	（对照英语）
Le libro **es comprate** per multes.	The book **is bought** by many people.
esseva comprate	**was bought**
ha essite comprate	**has been bought**
essera comprate	**will be bought**

一般，即便是母语，主动形更简单，但被动态有其符合逻辑的词序。

（因特语）	（对照英语）
Multe personas **compra** le libro.	Many people **buy** the book.
comprava	**bought**

ha comprate	**have bought**
comprara	**will buy**

EXERCITIOS

翻译：

1. 这本书是（由）这位医生刚写完的。
2. 这些书是（由）他写的。
3. 这本书是（由）教授写完的。
4. 这封信（**lettera**）是（由）秘书（**secretario/secretaria**）写吗？
5. 这规划被总裁（**presidente**）终止（**finir**）了。

解释22 比较级。

Plus + 形容词或副词构成比较级。

Le plus 替代 **plus** 构成最高级。如：

grande	**plus grande**	**le plus grande**
大	较大	最大

有一些借用古拉丁语保留下来的现拉丁语的不规则比较级和最高级，罗列下表，学习这些例外的形式。

形容词	原级	比较级	最高级
好	**bon**	**plus bon** **melior**	**le plus bon** **le melior** **le optime**
坏	**mal**	**plus mal** **pejor**	**le plus mal** **le pejor** **le pessime**
大	**magne**	**plus magne** **major**	**le plus magne** **le major** **le maxime**
小	**parve**	**plus parve** **minor**	**le plus parve** **le minor** **le minime**
副词			
好	**ben**	**plus ben** **melio**	**le plus ben** **le melio**
坏	**mal**	**plus mal** **pejo**	**le plus mal** **le pejo**

比较级的例文：

Nostre auto es minus elegante que vostre.
我们的车比你们的更不好看。

Lor auto es le minus elegante ex omnes.
他们的车是全部车子中最不好看的。

Iste auto es tanto elegante como le alteres.
这辆车象其他的一样好看。

“Nos vole vader per un traino rapide.” – “Iste traino es rapide, multo rapide, rapidissime!” – “Ben, ma nos vole vader per un traino plus rapide, per le traino le plus rapide que existe.”

副词例文：

Le traino va rapidemente. Un avion（飞机）**vola**（飞）**plus rapidemente. Un rocchetta**（火箭）**vola le plus rapidemente.**

解释23 形容词尾加的**-issime**（重音在**-iss-**上）和副词尾加的**-issimo**，表示“很，非常”。如：

longe	**longissime**	**car**	**carissime**
长	很长	亲爱	很亲爱
ben	**benissimo**	**mal**	**malissimo**
好	非常好	坏	非常坏

从形容词尾加的**-mente**而来的副词也可形成**-issimemente**。如：

rapidemente	**rapidissimemente**
快	很快

EXERCITIOS

翻译：

6. 乌拉（Ulla）是漂亮的，妣吉塔（Birgitta）更漂亮，但安娜（Anna）是最漂亮的。
7. 名词是最重要的词。
8. 这方式象别的一样容易。

Lection 9

LISTA DE VOCABULOS

matino 早晨
accompaniar 陪伴
durante 在…时候，在…期间
  durar 继续，持久
ordinari 普通的
vita 生命，生活
horologio 钟表
eveliator 闹钟
eveliar 醒来
ruito 噪声
terribile 可怕的
tabula 图表
lecto 床
levar se 起床
enthusiasmo 热情
supponer 推测
  poner 置
rasar se 剃，刮胡子
  rasorio 剃刀
electric 电动
  electricitate 电
brossar 刷
  brossa 刷子
dente 牙
lavar 洗
camera 房间
banio 浴室
vestir se 穿衣
  disvestir 脱衣
  vestimento 衣服
preparar 准备
  post haber preparate 准备后
jentaculo 早饭
modeste 谦虚
mangiar 吃
nova 新闻
jornal 报刊
quotidian 每天的
postero 邮递员
  posta 邮局
apportar 带/拿来
de bon hora 早上
amar 爱，喜欢
dormir 睡
demander 问，要求
matre 母亲
infante 婴孩

解释24在主格和宾格是相同时，如"他在镜子中看见**自己**"，用反身代词 **se** 表示宾格。

Illes se leva
他们起自己（的身）。

Ille se rasa
他刮自己（的胡子）。

Illa se vesti
她给自己穿（衣服）。

On se bania
某人洗自己。

反身代词也可以表达被动概念，它不需要实施动作的主人：

Iste libro se vende multo ben. 这部书销路很好。

解释25 下表是总结词序的概述：

规则	因特语	中文	评论
1	**Hugo vide le banco.**	余果看长凳。	一般词序：主语+动词+宾语
2	**Hugo non vide le banco.**	余果没看长凳。	副词 non 在它修饰词的前面。
3	**Hugo lo vide.**	余果看它。	
4	**Hugo pote vider lo.**	余果能看到它。	
5	**Reguarda lo!**	看这！	
6	**Hugo vide le grande banco brun.**	余果看棕色大长凳。	一般的形容词在名词的后面。常用的几个形容词在名词的前面。
7	**Esque Hugo vide le banco?**		
8	**Vide Hugo le banco?**		
9	**Esque Hugo lo vide?**		
10	**Lo vide Hugo?**		

11	**Le libro de Hugo**	余果的书	所有格在所有者前面。
12	**Ille da su libro a Julia.**	他给朱莉娅一本自己的书。	介词位置在宾语前面。
13	**Ille da su libro a illa.**	他给她一本自己的书。	参考解释7。
14	**Ille la da su libro.**	他给她一本自己的书。	参考解释7。
15	**Ille la lo da.**	他给她这个。	间接宾语代词在直接宾语代词前面。

EXERCITIOS

翻译:

1. 他看到这本书后，买了它。
2. 他早晨工作效力不好，不如晚上工作。
3. 她想给他这本书吗?
4. 是的，她给他了这个。
5. 你也有新的书吗?
6. 她给我买了这些。

Lection 10

LISTA DE VOCABULOS

travalio, labor 工作
comenciamento 开始（名）
universitate 大学
restar 留下
studiar 学习，研究，调查
libro de medicina 医学书籍
sempre 总
nunquam 永不
simple 简单的，单纯的
amusante 有趣的
professor 教授
venir 来
ab, de 从，离
urbe 城市
pronunciar 发音
pronunciar un discurso 讲演
volar 飞
sovente 经常
appertiner 属于
un certe 某一
parco 公园
puera 女孩
  puero 男孩
de qui 他的（关系代词）
non mesmo 尽管…不
cognoscer 知道
"io idiota" "真傻"
ascoltar 听
usque a 至
lunch, prandio 午饭
mediedie 中午
modic 适中
  a precio basse 便宜的
  car 贵
ubi 哪
soler 习惯
  io sole mangiar… 我爱吃…
postmeridie 下午
attender 等待
demonstration 示范
clinica 临床
hospital 医院
repasto 膳
alora, tunc 然后，那么
cantar 唱

EXPLICATIONES

解释26 关系代词 **que**（英语的 that/which/whom）和 **qui**（英语的 who/to/of/with/for whom）是领导从句的代词。如:

Ecce le libro **que** ille vole. 瞧，这是他要的书。

对照英语：Here is the book **that** he wants.

Ecce le dama **que** io videva heri. 瞧，这是我昨天看见的夫人。

对照英语：Here is the lady **whom** I saw yesterday.

是 Le homine **qui** me videva heri 昨天，他看我的人

对照英语：The man **who** saw me yesterday

Le puera **a qui** io dava le libro 我给她这本书的女孩

对照英语：The girl **to whom** I gave the book

que/**qui** 如果用 **le qual（-es）**替代，可以清楚的区别单复数。如：

Le cavallo e le asino, le qual non esseva sellate, curreva a velocitate equal. 马和没鞍的驴跑得一样快。

例文中，只有驴是没有鞍的。比较如下：

Le cavallo e le asino, le quales non esseva sellate, ... 马和驴都没鞍，…。

例文中，没有一个带鞍的动物。如用 **que** 的话，会模棱两可。

Cuje 表示英语的 whose。如：

Le documentos, cuje importantia esseva dubitose, incriminava le spia. 这些文件，它的重要性可疑，怀疑间谍有问题。

上句中的 **cuje** 可被 **del qual(es)/de qui/de que**（英语的 of which/of a person/of a thing）替代：

Le documentos, **de que** le importantia esseva dubitose, ...

Lo que（英语的 that which/what/the thing that）是领导子句的（先行词+关系代词）词组，可以在主句前面或后面。如：

Lo que on vole, on pote facer. 你想做的，可以做。

Io non sape lo que illa pensa. 不知道她在想什么。

Nos visitava plure museos, lo que esseva multo interessante. 我们访问了几个博物馆，很有意思。

也许你会感到因特语的这些关系代词规则很复杂，但在各国的语法书中所揭示的关系代词就更混乱了。

Lection 11

LISTA DE VOCABULOS

moneta, pecunia 金钱
comprarea（会）买（解释27）
automobile 车（**auto** 英语的 self，**mobile** 英语的 moving）
inusual 异常
dur 硬
molle 软
nostre 我们的（解释28）
bicyclo 自行车
bicyclar 骑自行车
via 道路，经由
pesante 重的
leve 轻的
vetere 老的
tal 这样的
in tal caso 这种情况下
donarea（会）给
dono 礼物
donar 给，捐赠
dar 给
mi 我的（解释28）
fratre 兄弟
lamentar 悲痛，哀悼
le sue 他的，她的（解释28）
si … que 那样…
mal 坏
quasi 几乎
inusabile 不能用
besonio 需要（名）
besoniar 需要（动）
viage 旅游（名）
viagiar 旅游（动）
autobus 公共汽车
il face mal tempore 天气不好
sentir se 感觉
justo 恰好，仅仅
usate 旧
costar 花费
probabile 可能
sufficerea 足够
inevitabile 不免
evitar 免
exiger 要求
reparation 修理（名）
camerada 同伴，同志
posseder 具有，拥有
incredibile 不可思议
creder 相信
nove 新

按照 IPA 的[a+u], [e+a], [e+u], [a+i]滑移双元音的结合规则，如：auto, donarea, euro, traino 分别发两个连续的元音。

单元音发简单的 IPA 音，如：pro, multo, anno, fixe, multe, mense 中分别发[o]或[e]的音。参考：p.72。

EXPLICATIONES

解释27 Ille comprarea un auto si ille habeva moneta.

如果他有钱，他会买一辆车。

条件语气（英语的would ...）由动词不定式 + -ea形成。

条件语气还用在间接引语中，表示引用语中的时态是将来时。比较直接引语和间接引语：

Ille diceva: "Io prendera un altere traino". （直接引语）

Ille diceva que ille prenderea un altere traino.（间接引语）

解释28 物主代词如英语的 mine/yours/hers/...。

物主代词 = 冠词 + 物主形容词**–e**

		对照英语
Ecce un auto!		"Here is a car!"
Illo es mi auto.	**Illo es le mie.**	"...mine"
Illo es tu auto.	**Illo es le tue.**	"...yours" (familiar)
Illo es su auto.	**Illo es le sue.**	"...his/hers"
Illo es nostre auto.	**Illo es le nostre.**	"...ours"
Illo es vostre auto.	**Illo es le vostre.**	"...yours" (polite/plural)
Illo es lor auto.	**Illo es le lore.**	"...theirs"

物主代词词尾有单复数（**-/-s**）和阴阳（**-a/-o**）的变化。如：

Nostre autos es plus elegante que le lores.

我们的车比他们的高级。

Ille labora nocte e die pro le suos.

le suos 指"他的男孩子们" – **le suas** 指"他的女孩子们"

第五课中区别了象英语的 one's own，someone else's。

Ille lege su libro.

他读他（自己）的书。

Ille lege su libro de illa.

他读她的书。

（或：**Ille lege le libro de illa.**）

单词的形成

解释29 我们已学习了大部分因特语语法，所以在后面的课程中，主要针对形成单词有趣的又有教育意义的话题。这对于学习几乎所有的欧洲语言都有很大关系。（例如，斯拉夫语中包含了许多来自拉丁的单词。）

我们日常所说的“一个单词”，是可分为更小的部分。每个部分都有它特别的意思，叫“词素”。如英语的 illegalities 单词是由 il-leg-al-itie-s（或因特语的 **il-leg-al-itate-s**）五个词素组成的。词根 leg 是基本的词素，意为“法则”。有前缀和后缀在它的周围形成一组。前缀在词根的**前面，**后缀在词根的**后面**。

Assimilation 同化现象是：上一个音节中的最后的辅音受到了紧接着的下一个音节中的第一辅音的影响，其结果是前辅音采取和后辅音一样的相貌。我们看见 assimilation 词里的现象，古拉丁语的 ad-simil- 变成了现代语言中的 assimil- 。

另一个例子是前缀 **in-**，意为英语的 un-或 in-。参阅下表：

前缀	同化	后辅音	例
in-	**il-**	**-l**	**illegal** **illegibile**
	im-	**-b** **-m** **-p**	**imboscar** **immatur** **impatiente** **impossibile**
	ir-	**-r**	**Irrational** **irrefutabile** **irregular**
不变 **in-**			**Incapabile** **indiscrete** **inusual**

前缀 **in-**（英语的 in）的例子是：**invader**（英语的 to go in = invade）； **involver**（英语的 to roll in = involve）和 **imbraciar**（英语的 take in one’s arms = embrace，**bracio** = arm）。

EXERCITIOS

阐明下列单词的反义词：

1. **utile** 有用的
2. **probabile** 可能的
3. **tolerante** 容忍的，宽恕的
4. **justitia** 正义，公正，公平
5. **reparabile** 可修的，可补偿的

解释30 后缀**-ibile, -abile** 对应英语的-ible, -able。如：

	对照英语		对照英语
audir	to hear	**audibile**	audible
cantar	to sing	**cantabile**	singable
honorar	to honour	**honorabile**	honorable

因特语能帮助我们了解西方的一些更复杂的词汇意思和拼写。在学习识别西方语言的单词的每个部分时，你会反复发现这样的事实。

Lection 12

LISTA DE VOCABULOS

synopse 提要，概要
forma 形状
verbal 动词的
cantar 唱
  canto 歌曲
  canta|t|or 歌手
  canta|t|rice 女歌手
amar 喜欢，爱
confortabile 舒适的
  sedia confortabile 扶手椅
musica 音乐
suffrer 受苦，蒙受
audir 听
  audi|bile 听到的
inferno 地狱
  infern|al 地狱的
terribile 可怕的，骇人的
como...! 那么！
sono 音
benque 虽然
probar 试
coperir 掩盖
aure 耳朵
mano 手
marito 丈夫
  marita 妻子
imperativo 命令语气
tono 声调
conditional 条件语气的
constante 不断的
interruption 中断

EXPLICATIONES

解释31定冠词 **le**（不定冠词 **un**）+不定词（复数**-s**）构成名词。如：

Le cantar 唱

Le susurrar del motor... 发动机的呜呜声…

Iste viagiar de un pais al altere es fatigante.
从一个国家到另一个国家的这类旅游很累。

le deberes 任务（**deber** 对照英语的 to owe, have to）

全部动词形态（语法中最难的）到这里，都已解释了。

Lection 13

LISTA DE VOCABULOS

rosa 玫瑰
brun 褐色
dar 给
essayo 企图
parte 部分
examin|e/examin|ation 考试
  examin|ar 考
  examin|ator 主考人
  examin|ando 考生
de facto 其实
un vice 一次
antea 以前
plus tosto 宁愿
jardin 园林
  jardin|ero 园林工
invitar 招待
ille 那个（指示形容词）
visita 访问（名）
passante 通过
ros|iero 玫瑰灌木
cultivar 耕作，栽培
  cultiv|ator 栽培者
amator 爱好者
communicar 沟通
congresso 会议
ir, vader 去
  irea vider … 会去看…
sequente 下列
occurrer 发生
  occurrentia 发生（名）
celebration 庆祝活动
  celebrar 庆祝
allegre 高兴的
inspirar 灵感
ancora 还
rar 稀有的，罕见的
car 亲爱的，贵的
estimar 尊重，评价
silente 寂静的
  silentio 寂静
clar 明亮的
estive 夏天的
  estate 夏天
gruppo 群
marchar [-sh-] 走
secreto 秘密
  secrete 秘密的
pinger [-gherr] 涂，画
color 颜色
diverse 各种各样的
verde 绿的
jalne 黄的
ambe 两者都
latere 侧面
  bilateral 双方的
  multilateral 多国间的
entrata 入口
dis|agradabile 讨厌的
re|venir 回来
facer sonar 鸣，响
campana 铃
aperir 开
porta 门
ex|primer 表现
idea 思想，主意
parola 单词

creder 相信

为了避免各种发音的“陷阱”，现在值得回到 p. 71，学习“发音”段落和再听一次 CD。

EXPLICATIONES

解释32　Ille (那) 指离说话人较远的某物。

iste (这) 指离说话人较近的某物。如：

Iste auto es plus grande que ille auto.

这辆车比那辆车更大。

解释33　-iero 表示灌木/树木。如：

rosa	玫瑰	**ros|iero**	玫瑰灌木
pomo	苹果	**pom|iero**	苹果树
pira	梨	**pir|iero**	梨树
persica	桃	**persich|iero***	桃树

*注意：嵌入的 h 是为了保留[k]音。

Lection 14

LISTA DE VOCABULOS

dubita 怀疑（名）
comprender 明白
lector 读者
  leger 读
surprisa 令人惊奇
  sur|prender 惊奇
facie 脸
rubie 红色的
juvena 年轻女子
notar 留意
satis|faction 满意
subite 突然的
  subito 突然
re|cognoscer 认出
sym|path|ic 喜爱的
mute 哑的
como 象…，怎样
pisce 鱼
certo 必定
estranie 奇怪的，外国的
  estrani|ero 外国人，外国
osar 敢
fluer 流动
  fluentemente 流利地
ipse, mesme 自己
contente 满足的
re|vider 再见，温习
volerea 想
entrar 进
momento 片刻
per favor 请
cercar 找
  ir a cercar 取
dis|parer 消失
admirar 称赞
plancas 书架
plenar 填满
solo 地面
tecto 天花板
cuje 他/她/它（们）的
dorso 背
impressionar 印象
ver 真的
obra 作品
arte 艺术
mente 精神
formar 形成
phrase 短语
pro|poner 建议
pro|ducer 生产
rider 笑
plorar 哭

EXPLICATIONES

解释34 “现在分词”是动词不定式去掉**-ar**/**-er**/**-ir** 词尾，再加上**-ante**/**-ente**/**-iente** 词尾（如英语的-ing）构成，起形容词的作用。

重读第14课后面 **Phrases structural** 的第4，5，6例文，分别是英语的 When singing...，By reading...，Hearing...。

EXERCITIOS

翻译：

1. 一位痛苦的男人
2. 一个惊奇的问题
3. 打开门时，她看见了这男生。
4. 和陌生人说话时，他不失礼。（礼 **polite**）

解释35 为了不重复几个所有格的同一对象，用 **le** 定冠词代替后面的对象名词，它有单复数，阴阳及中性词尾的变化。如：

Le facie de mi soror e le de mi patre
姐姐和父亲的脸
Le fratres de Petro e (il)les de Paulo
彼得和保罗的兄弟。
Le sorores de Petro e (il)las de Paulo
彼得和保罗的姐妹
Le autos de Petro e (il)los de Paulo
彼得和保罗的车
也可以用 **les de Paulo** 代替上面的例子。

解释36 一般**-o** 词尾是阳性名词，**-a** 词尾是阴性名词。
用词尾区别孩子的男女，宠物的雄雌。如：

filio – filia	**cosino – cosina**	**catto – catta**
儿子 女儿	表兄弟 表姐妹	公猫 雌猫

特别的阴阳性名词，如：

patre – matre	**homine – femina**	**tauro – vacca**
父亲 母亲	男 女	公牛 母牛

解释37 **-ero/-era** 是专业或带有特征人的词尾。如：

jardin|ero	**libr|ero**	**estrani|e – estrani|ero**
园丁	书商	奇怪 陌生人，外国人

post|a – post|ero	**banc|a – banch|era**
邮局 邮局员	银行 银行家，银行员

解释38 **-eria** 是行业或经营场所的词尾。如：**jardin|eria** 园艺行业
Sr. Smith, le librero, es le possessor（拥有者）**de un grande libreria.**

Lection 15

LISTA DE VOCABULOS

occupate 忙
precar 祈祷
placer 乐（解释31）
momento 瞬间
  moment|etto 稍微
hesitar 犹豫
accent|o 强调
  accent|u|ar 强调
forsan 也许
un poco 一点
forte 强烈
demandar 要求
mult|itude 人群
de ubi 何处，由此
pais 国
non mesmo 尽管…不
oblid|o 忘却
  oblid|ar 忘记
vostre 你（您）的
celar 躲
voluntarimente 愿意地
narrar 讲述
scientias social 社会学
amabile 和蔼可亲（解释30）
assecurar 确信
trovar 感到
  trovar ... agradabile 感到愉快
toto 一切

flor 花
meravilia 惊奇
  meravili|ose 惊奇的
mention 议论
  mentionar 议论
hastar (se) 赶快
cambiar de 变
  cambiar 变，交换
quiete 安静的
  in|quiete 担心的
escappar 逃
occasion 机会
pro|poner 建议
de accordo 同意
avantage [-ajeh] 优点
idioma 成语
commun 一般的
passo 步
vicin 邻居的
  vicino 邻居
sufficer 满足
  suffic|iente 满足的
finir 结束
lo essential 必备之物
proxime 邻里的
venir cercar 找
hic 这儿

EXPLICATIONES

解释39 一般爱徧的词尾是**-etta** 阴/**-etto** 阳。如：

statua 像	**statuetta**
furca 叉	**furchetta**
pacco 包	**pacchetto**

形容词加上**-ette** 后，有“相当”的意思。如：

belle 美丽的，漂亮　　**bellette** 相当漂亮

随意找形容词加**-ette**，翻译到中文。

解释40 抽象概念名词“lo + 形容词”可看成是“illo que es + 形容词”的收缩形。如：

lo essential 要点
lo belle 美
lo ver 真理
lo bon 优良

非抽象概念的名词“le + 形容词”，如：

le bon, le mal e le fede 好，坏和难看的…

Lection 16

LISTA DE VOCABULOS

familia 家庭
habitar /in/住在…
lontan 远
universitari 大学的
parentes 父母
libere 自由的
consister de 组成
patre 父亲
ferro|via 铁路
ferrovi|ero 铁路职工（解释37）
ferro 铁
non multo 不多
ric 富
richessa 丰富
proprie 自己的
casa 房子
matre 母亲
le melior = le plus bon 最好
mundo 世界
mundial 全世界的
soror 姐妹
excepte 除…以外
exception 例外
infante 孩子
filio 儿子
filia 女儿
filial 子孙的
interprisa filial 分公司
bastante 充分，相当
bastar 足够
maritar se 结婚
maritage [-ajeh] 结婚
marito 丈夫
marita 妻子
fratre affin 姐夫
affin 裙带关系的
affinitate 裙带关系
(ap)parer 显
expectar 期待
in|expectate 意外的
foco 火
focar 炉床
reproch|e 责备
reproch|ar 责备
annunciar 通知
in avantia 预先
haberea potite 本来
cocer 烹调
cocina 厨房
(a) te（对）你
platto 盘
favorir 喜爱
favor|ite 喜爱的
regina 女王
rege [-gheh] 王
domo 屋
adder 附加
joc|o 玩笑
joc|ar 开玩笑
sufflo 悄悄
sufflar 悄悄
theatral 戏剧
comparar 比
le mangiar 食品（解释31）
distantia 距离
natal 出生的
Natal 圣诞节
quante [kwan-] 多少，几个

persona 人　　　　　　　　　　**il ha** 有

EXPLICATIONES 是

解释41　-al/-ial 是国际词汇中名词变为形容词时用的最普通的词尾。如：

cultura 文化　**cultur|al** 文化的　**nation** 国家　**nation|al** 国家的
corde 心脏　**cord|ial** 衷心的

加**-al** 前，去除名词最后的元音。如：

loco 地方　**loc|al** 当地的　**tempore** 时间　**tempor|al** 时间的
lege 法律　**leg|al** 法律的

名词最后辅音是 **l** 时，一般加**-ar** 词尾。如：

familia 家庭　**famili|al** 家庭的　**famili|ar** 亲密的，熟悉的
regula 法则　**regul|ar** 规则

-ari 也是形容词词尾。是英语的词尾-ary，法语的词尾-aire，西班牙/葡萄牙/意大利语的词尾-ario。如：

revolution – **revolution|ari** 革命的　**legenda** – **legend|ari** 传说的

-in 表示单词的来源，特别是在科学术语中会出现。如：

femina 女人　**femin|in** 女人气的　**mar** 海　**mar|in** 海洋的

-il 偶然出现。如：

viro 男人　**vir|il** 男子气概的　**puero** 男孩　**puer|il** 未成熟的
infante 孩子　**infant|il** 孩子气的　**cive** 市民　**civ|il** 公民的

-ic 词尾主要在希腊系语的形容词中出现，不重读。如：

geographia　**geograph|ic** 地理的　**systema**　**systemat|ic** 系统的，计划步骤的　**logica**　**log|ic** 符合逻辑的　**enthusiasmo** **enthusiast|ic** 热心的，热烈的

-ose 表示充满的，丰富的。如：

dubita 怀疑　　**dubit|ose** 怀疑的，引起怀疑的
dolor 疼痛　　**dolor|ose** 疼痛的，引起痛苦的
periculo 危险　　**pericul|ose** 危险的

拉丁基础的母语（包括英语）的人都熟悉这些词尾，对其他母语的人来说，更应该多学习这些词尾。用丰富的词汇量，帮助看懂欧洲语的文献。

在下面（我们能认出包含 **ph**, **th**, **rh** 和 **y** 的希腊单词）的练习，看看你能否从名词中得到形容词。

EXERCITIOS

1. region
2. addition
3. vita
4. natura
5. mundo (insert -i-)
6. telephono
7. cyclo
8. mercante
9. fragmento

Lection 17

LISTA DE VOCABULOS

prender 拿，取
gran|patre 祖父
campania 战役，运动
  campo 领域
posseder 拥有
san 健康的
  malade 病的
malgrado 虽然
etate 年龄
ferma 农场
village 乡村
terra 地球，大地
soler 习惯（参阅下面解释）
pro|vocar 挑起
nepote 外甥
  gran|filio 孙子
in|ducer 引起
discuter 讨论
  discussion 讨论
a vices 有时
puncto de vista 观点
generation 世代
man|tener 保持，支持
opinion 看法
  opinar 保持看法
plen 满的
humano 人
  human 人性的
tanto ... como 除…之外
com|patriotas 同胞
  patria 祖国
amar se ben 彼此非常相爱
cordial 衷心的
  corde 心
ben|venite 欢迎
oculo 眼
seriose 认真的
parer 出现，好像
naturalmente 自然地，当然
fede 丑
rider 笑
  riso 笑
ex|plicar 说明
la ha date 给她…了
  io le da 我给他…（解释25）
nota 笔记
ap|probation 赞同
lo mesme 一样
universo 宇宙
verbo 动词
texto 文本
exemplo 例
geographic 地理的
usque nunc 到此为止

EXPLICATIONES

关于 **soler**：

因特语表示习惯行为时，用助动词 **soler**（有时态变化）+不定式。如：

ille sole dicer	他习惯说…
illa sole baniar se	她习惯洗澡
illes soleva dansar	他们以前习惯跳舞

解释42 动词加**-ion**, **-ura**, **-or**, **-ori**, **-ive** 后缀，构成名词或形容词。如：

英语说明

-ar always becomes	**-at**:	**cre|ar**	**cre|at|ion** 创作
-ir always becomes	**-it**:	**pol|ir**	**pol|it|ura** 润色
-er often becomes	**-it**:	**add|er**	**add|it|ion** 附加
-er can become **-t**:		**scrib|er**	**scrip|t|e** 书面
-er can become **-s**:		**explod|er**	**explo|s|ive** 激烈的

"国际词汇中的动词如何构成名词和形容词"是一个很有意思的问题，必须浏览一下拉丁语，答案如下：

"动名词 **supine**"是派生词的基础。如：

scribere（写） 的动名词是 **scriptum**。

scriptum 在拉丁语中变成 **scriptio** 写作，**scriptor** 笔者，**scriptura** 文件。

因此学习拉丁语时，动名词是任何动词的重要一部分。

过去时的规则动词结构：

Conjugation	**第一人称单数（现在）**	**第一人称单数（完成）**	**动名词**	**不定词**
I	voc|o 叫	voc|avi	voc|at|um	voc|are
II	mon|eo 警告	mon|ui	mon|it|um	mon|ere
III	reg|o 支配	Rexi(reg|s|i)	rec|t|um (reg|t|um)	reg|ere
IV	aud|io 听	aud|ivi	aud|it|um	aud|ire

拉丁动词变为第二类和第三类（有不定式**-ere** 结尾），在因特语中已经合并成一群词尾是**-er** 的不定式。

另一个简化是，不管哪一类-er, -ar, –ir 结尾的动词，除了很少的例外，时态变化形式相同。

事实上，一些派生词来自不定式（削短式）和一些来自上述的“另一个词干”（变位第三类或不规则动词）不是很难学，因为这两种词干在欧洲语言中是常见的。如: **discuter**（讨论）用“另一个词干”**discuss-**，它在一群大范围的语言中产生了 **discussion**。现在时词干和派生词之间的不规则，经常解释是由现在时词干中的最后一个辅音的同化而来的, 如：**scrib|-** 变成 **scrip|-**。浊音/b/ 在清音/t/前，应作为清音相等的发音。同样 **regere** 中的 **reg|-**成了 **rectitude** 中的 **rec|-**，因为很难发 regtitude（浊音/g/后面跟清音/t/）音，所以与清音的相等的/k/替代/g/音。派生词发生了整个同化现象。如：**vid|ere → vid-s-ion → vi|s|ion**，/d/被去掉（解释29）。

后缀中的含意

-ion 行为，行为的结果

voc|ar 叫	**voc|at|ion** 职业
distribu|er 分配	**distribu|t|ion** 流通
defin|ir 定义	**defin|it|ion** 定义

-ura 行为的结果（一般是具体的结果）

sign|ar 签名	**sign|at|ura** 签名
misc|er 混合	**mix|t|ura** 混合物
aper|ir 打开	**aper|t|ura** 孔

-or …人，设备，婼崎

cre|ar 创造	**cre|at|or** 创造者
intro|duc|er ，引进	**intro|duc|t|or** 创始人，引导者
tele|vid|er 电视广播	**tele|vi|s|or** 电视

-ori 性质，有关的（形容词）

pro|vid|er 预先准备	**pro|vi|s|ori** 暂定的
trans|ir 横穿	**trans|i t|ori** 短暂的，过渡期的

-orio 地点（名词）

observ|ar 观测	**observ|at|orio** 天文台，气象台

-ive 的，有关，属于，性质，作用，倾向

af|firm|ar 断言，肯定	**af|firm|at|ive** 肯定的
defend|er 保卫	**defen|s|ive** 保卫的
ag|gred|er 攻击	**ag|gres|s|ive** 侵犯的，侵略的

Lection 18

LISTA DE VOCABULOS

magazin 杂志
telephono 电话
  telephonar 打（电话）
vocar 呼
comprar 买
compania 一群
  tener compania a un persona 与某人交往
como 像
port|at|or 搬运工
ipse, mesme 自己
  tu ipse 你自己
sempre 总
fornir 提供
merc|e 商品
  merc|ato 市场
  merc|ato nigre 黑市
  merc|ante 商人
  merc|antil 商业的
  a bon merc|ato 便宜
precio 价格
  a precio alte 贵
de|parti|mento 百货店
vend|er 卖
  vend|it|or 售货员
  vend|it|rice 女售货员
vestimento 衣服
cappello 帽
scarpa 鞋
calc|ea 长袜
  calc|etta 袜子
camisa 衬衫
roba 连衣裙
  guarda|roba 衣柜
  guarda|costas 海岸警备
tabula a vender 柜台
sur|riso 微笑
  sur|rider 微笑
affabile 和蔼可亲
desir|ar 渴望
  desir|o 渴望
par 双
guanto 手套
pre|ferer 宁愿
non ... ulle, n|ulle 没有
monstrar 显示
signo 标志
im|patient|ia 不耐烦
extra|ordin|ari 非凡（解释43）
fin|al 最后的
  fin|al|mente 最后地
con|venir 方便
boteca 店
special|is|ar 专
  special|is|ate 专门的
con|clud|er 断定
  con|clu|s|ion 断定
alimento 食品
corbe 篮子
pan 面包
butyro 黄油
caseo 干酪
salsicia 香肠
cassa 付款处
ex|ito 出口
  ex|ir 出

cassera 女出纳员
facer le conto 结账
pagar 付款
nota de banca 纸币
corona 克朗
re|tornar 回
  tornar 转

resto 其余
minor 较小
moneta 硬币
argento 银
cupro 铜
derivar 起源
appellar se 称为…

EXPLICATIONES

关于 **affabile**:

这个词来自拉丁语的 affabilis，由 **ad** 对+ **fari** 说 + **-bil** 可+ **-is**（形容词词尾）组成，表示“可以对他说”，现在的意思为“友好”。另一个相关词 **in|fa|nte** 有“没有学会说话”的意思，表示“婴儿”，词根 **fa-**表示“说”。**fa|bula**“寓言”和 fabulate“虚构”词中也都有 **fa-**词根。拉丁语的 **fari** 和西班牙语动词的 hablar 都拥有一样“说”的意思。在学习因特语后，如果再学西班牙语，会对记起“f 开头”的因特语词，经常在西班牙语里“h 开头”有帮助。如：因特语的 **ferro**“铁”是西班牙语中的 hierro，因特语的 **filio**“儿子”是西班牙语的 hijo，而因特语的 **focar**“壁炉/家庭”是西班牙语的 hogar 和因特语的 **forno**“烤炉”是西班牙语的 horno。

解释43 前缀 **extra-/extro-**（英语的 outside/outwards）经常在科学或伪科学的学术语中出现。如：

extra|mur|al 校外
extra|uterin 子宫外孕
extra|ordinari 特别
extra|marit|al 婚外
extra|terrestre 宇宙，外星
extra|sensori 超感官，第六觉
extro|vertite 外向，好交际

反义词 **intra- / intro-**（英语的 inside, within / inwards, into）。如：

intra|cellular 细胞内
intra|venose 静脉内
intro|vertite 内向，腼腆
intro|duction 介绍，导向

Lection 19

LISTA DE VOCABULOS

curiose 好奇
con|gresso 会议
in retardo 拖延
taxi 出租车
station central 中央车站
platteforma 月台
currer 跑
curr|ero 邮递员
curr|ente 流行的
succe|d|er 成功
succe|ss|o 成功
attinger 达到
justo 刚刚
parti|r 出发
parti|ta 出发
compartimento 包房
fuma|r 吸烟
fuma|t|or 吸烟者
fumo 烟
sede 座位
indicar 指出
si il vos place 请
con-viagiat|or 男伴
con-viagiat|rice 女伴
parve 小
etate 年龄
op|pos|ite 对面，相反的
(ob + poner = opponer)

dulce 甜
capillos 头发
blonde 金发
azur 蓝色
vive 活泼
ambiente 环境
centro 中心
con|centr|ation 集中
ex|plo|d|er 炸
ex|plo|s|ion 爆炸
polite 礼貌
a ubi? 向何处？
billet 车票
as|secur|ar 保证
que si 是（解释45）
exacte 正确
patiente 忍耐
saper 知道
forsan 也许
appellar se 称
regretta|bile|mente 遗憾
regrettar 后悔
non importa 不要紧
evita|r 避免
in|evita|bile 不可避免
pausa 停顿
non ... plus 不…再

EXPLICATIONES

解释44 **ad-**（英语的 to, toward, into）是前缀。如：**as|secur|ar** 保证。其中 **as** 前缀由 **ad-**被后面的 **s** 同化而来。英语字面意思为 to bring someone to where he/she feels sure/secure。

还有更多的 **ad-**前缀单词。常被同化而隐藏。如：**accompaniar**, **accordo**, **adder**, **adjectivo**, **admirar**, **annunciar**, **apportar**。可以找出更多的例子！

解释45 肯定及否定的间接陈述句由 que + si/no 构成。如：

Hugo le assecura que si. 余果给她肯定的保证。

Illa credeva que no. 她没有相信。

解释46 **Patiente- ma inexactemente**.

两个连续副词时，为避免单调，前面的副词词尾 **mente** 可省略，如同西班牙语。

解释47 "疑问词+不定词"可以简明的表达间接疑问句。如：

Hugo non sape que responder. 余果不知道要回答什么。

Illa sape como evitar pausas. 她知道如何避开冷场。

EXERCITIOS

翻译:

1. 你看见车厢上有几个女孩?
2. 他们问该付多少钱?
3. 会议什么时候开始? (可以用现在时或将来时。注意词序。)
4. 谁是女孩的母亲?
5. 你妻子在哪儿? (你 tu)
6. 您认识谁? (您 vos)
7. 谁知道你们? (你 vos)
8. 他发现了什么?
9. 你读了哪些书?
10. 他们买了什么类的花?

注意在第6，7题中，疑问代词（英语的 who，whom）是 **qui**。但关系代词（英语的 whom）是 **que**（解释26）。如:

Ecce le dama que io videva heri. 瞧，这是我昨天看见的女人。

这课主要例举怎么用疑问词。重读这一课，特别注意疑问句!

Lection 20

LISTA DE VOCABULOS

hotel 旅馆
restaurante 餐馆
porto 港（porta 门）
frequentar 勤（动）
reservar 预约
lecto 床
clave 钥匙
reimpler 填
formulario 格式
mitter 放
signatura 签名
registro 登记表
camer|ero 男服务员
  camer|era 女服务员
adjutar 帮助
bagage 行李
medie hora 半小时
diriger se 指导
  diriger 指导
  direction 方向
servitor 服务员
  servir 服务
menu 菜单
  carta de mangiar 菜单
plure 几个
pisce 鱼
carne 肉
patata 土豆
frir 炒
cocer 烹调
verdura 蔬菜
commandar, ordinar 订
suppa 汤
nam 因为
esser pressate 匆忙
biber 喝
  bibita 饮
  biberage 饮料
aqua mineral 矿泉水
succo de fructo 果汁
  succulente 多汁的
vino 葡萄酒
lacte 牛奶（lactose 乳糖）
tassa 杯
caffe 咖啡，咖啡馆
  café 咖啡馆
crema 奶油
poner 放
platto 盘
vitro 玻璃杯
cultello 刀
furchetta 叉
coclear 勺
tosto 早
intra 内
dinar 正餐（午餐/晚餐）
  lunch 午餐
  cena 晚饭

EXPLICATIONES

解释48 -ario 表示如下：

1) …集。如：

herba 草	**herb|ario** 植物标本集
vocabulo 单词	**vocabul|ario** 词汇
aqua 水	**aqu|ario** 水族馆

2) …人。如：

bibliotheca 图书馆	**bibliothec|ario** 图书馆管理员
mission 任务，传教团	**mission|ario** 传教士
pension 养老金	**pension|ario** 领养老金的人

Lection 21

LISTA DE VOCABULOS

orator 讲演者
public 公共
excellente 优秀
radio 广播
report|o 报告
  report|ar 报告
cruel 残酷的
  cruel|itate 残酷
guerra 战争
victima 牺牲者
mor|ir 死
mor|i|ente 垂死的
  mor|te 死亡的
  le mor|te 死亡
o ... o 或
vulner|e 伤口
  vulner|ar 伤
mancar 缺
appetito 食欲
as|soci|a|t|ion 协会
super-population 人口过剩
problema 问题
aliment|ari 食品的
tim|er 害怕
  tim|ide 羞怯
appoio 支持
ascender 上
  descender 下
tribuna 议会台
nerv|ose 紧张的（解释41）
geniculo 膝盖
tremular 抖
mesmo 甚至
sentir 感
sudor 汗
fronte 前额
gena 脸颊
pall|ide 苍白
labio 嘴唇
sic 干燥
  hum|ide 湿润
bucca 嘴
lingua 舌头，语言
rig|ide 僵硬的
pecia 片
ligno 木头
pos|s|ibile 可能
  im|pos|s|ibile 不可能
tote le mundo 每个人
ultime 最后
grado 等级
scala 楼梯
cader 倒
batter 打
col|lapso 崩溃
causa 原因
  a causa de 由于
tim|or 害怕
scena 舞台
  timor del scena 怯场
perder 失落
publico 公众

EXPLICATIONES

关于 **mancar**：

标准形为 **mancar a**，表示“思念/错过/缺少”。在这种动词的句子中，动词后面跟的句子的主语（缺少的人/物）。

Tu me manca. (= tu manca a me) 我思念你。

La manca su amico. (= manca a illa) 她思念她男友。

Le manca le appetito. (= manca a ille le appetito) 他食欲不振。

Me manca le parolas. (= manca a me le parolas) 我缺乏词汇。

解释49 形容词变抽象名词时，其后缀为**-itate/-essa/-itude**。分词形容词变抽象名词时，**-nte** 后缀为**-ntia**。表示状态或性质。

形容词	抽象名词
probabile	**probabil|itate** 概率
responsabile	**responsabil|itate** 责任
creative	**creativ|itate** 创造力
timide	**timid|itate** 羞怯
ric	**rich|essa** 财富
exacte	**exact|itude** 精确
tolerante	**tolerant|ia** 容忍
presente	**present|ia** 存在

解释50 形容词和名词可以来源于动词。如，词尾**-ide** 的形容词及词尾**-or** 的名词来源于词尾**-er** 的动词。

动词	形容词	名词
tim|er	**tim|ide**	**tim|or** 忧心
cal|er	**cal|ide**	**cal|or** 热
rig|er	**rig|ide**	**rig|or** 严格
frig|er	**frig|ide**	**frig|or** 冷

解释51 表达希望内容的宾语从句，需要加 **que**。其从句中，如果动词是 **esser**，可以用 **sia** 特殊形。如：

Que vos le da vostre appoio!	希望你（们）给他支持
Io vole que ille veni.	我希望他来。
Sia benvenite!	欢迎！
Le juvene maritos sia felice!	祝贺新婚夫妇幸福！

Lection 22

LISTA DE VOCABULOS

grat|e 感谢的
  grat|itude 谢意
  grat|ias 感谢
  re|grat|iar 感谢
ego 自私
embryon 初期
sobrie 清醒
caso 例子
panico 恐慌
calma 平静
  calmar 平息
stupide 笨
asino 驴
nunquam 从来没有
al minus 至少
garrular 唠
solemne 严肃
quasi 几乎
offen|d|er 冒犯
  offen|s|a 冒犯
at|trah|er 吸引
  at|trac|t|ion 吸引力
  at|trac|t|ive 有吸引力
ordine 顺序
  dis|ordine 失调
perfecte 完美
valvula 伐，龙头
camera 室
vena 静脉

EXERCITIOS

翻译：

1. 请给我们来盘鱼、土豆、孩子们的两杯牛奶，还有我和我妻子两杯果汁。
2. 战争都是残酷的。
3. “讲演开头很难”，余果想。
4. 他心跳，但不感到很幸福。
5. 这年轻的医生没表现出 (**comportar se**)象是一个英雄。

Lection 23

LISTA DE VOCABULOS

detra 在…后面
cathedra 讲台
pro|duc|er 产
  pro|duc|tion 生产
  pro|duc|to 产品
audi|t|orio 礼堂
ef|fec|to 效果（解释53）
devenir 成
silente 沉默
de novo 再次
incatenar 限制
  catena 链
  reaction in catena 连锁反应
  incatenar su lingua 住口
dominar 支配
trans 越过
antique 旧
  antiquate 旧
ancian 古老
Egypto 埃及
  egypt|iano 埃及人
sono 音
  sonar 发声音
  sonar un instrumento 弹乐器
heri, hodie, deman 昨天/今天/明天
le mesme 相同
remaner 依然
dis|cu|t|er 讨论
  in|dis|cu|t|ibile 无可争辩
vita 生命
  vital 活泼
quoti|dian 日常
region 地域
prospere 繁盛
felice 幸福
habitar 居
tanto 如此多
alter|ubi 别处
ganiar 获得
victoria 胜利
  vic|t|or 胜者
  vinc|er 胜
dis|coper|ir 发现
  coper|ir 遮
sala 大厅
rango de bancos 一排长凳椅

EXPLICATIONES

解释51 词尾**-ese/-ano** 的名词及词尾**-ese/-an** 的形容词表示“居民，语言”。如下表：

国名		名词	形容词
埃及	**Egypto**	**egyptiano**	**egyptian**
德国	**Germania**	**Germano**	**german**
意大利	**Italia**	**Italiano**	**italian**
英国	**Anglaterra**	**Anglese**	**anglese**
中国	**China**	**Chinese**	**chinese**
法国	**Francia**	**francese**	**francese**
荷兰	**Nederland**	**nederlandese**	**nederlandese**
波兰	**Polonia**	**polonese**	**polonese**

例文：

Beethoven es un famose compositor german.
贝多芬是个有名的德国作曲家。
Le franceses parla francese.
法国人说法语。
Mi lingua materne es anglese.
我的母语是英语。
Nos mangiava un repasto chinese.
我们吃过中国菜。

Lection 24

LISTA DE VOCABULOS

pro|mitter 承诺
  pro|missa 承诺
present|ia 出席
  present|e 出席的
vive 活泼
  viv|i|fic|a|nte 爽快的
cal|or 热量
  cal|ide 热
sub|levar se 升
interior 内部
maestro 雇主
manu|scripto 手稿
toccar 触
bassar 降低
instrumento 乐器
music|a 音乐
  music|o 音乐家
  music|al 音乐的
senti|mento 感情
argumento 论据
critic|a 批评
  critic|o 批评家
  cri|se 危机
  cri|tic 批评
collega 同事
de|rider 嘲笑

exister 存在
e|vide|nte 明显
tornar 转
favor 偏爱
captivar 抓
ard|er 燃
  ard|or 热情
brillar 闪耀
  brillante 辉煌
frappar 击
fulmine 闪电
durante que 当…
singule 单
maternal, materne 母亲的
  lingua maternal 母语
a pena 丝毫
marc|ar 标记
  re|marc|abile 杰出
appellar 呼
  appello 呼吁
  appellar se 称
acceptar 接受
applauso 拍手
sympathia 同情
applauder 拍
enthusi|astic 热心

EXPLICATIONES

解释53 词尾-**|i|fic|ar** 表示“化”。如：

Petra 石 **petr|i|fic|ar** 石化
pur 净 **pur|i|fic|ar** 净化
pace 和平 **pac|i|fic|ar** 和平化

petr|i|fic|ar 等合成词中，**ficar** 是原来的 **facer** 中的元音 **a** 变弱成 **i** 的原因。

另一个词尾-**is|ar** 也表示“化”。如：

pulvere 粉 **pulver|is|ar** 粉化
neutral 中性 **neutral|is|ar** 中性化
Pasteur 巴斯德 **pasteur|is|ar** 接种疫苗
minime 最小 **minim|is|ar** 最少化

解释54 词尾-**is|ta** 表示：

1) …信徒。(-**ismo**…教义）如：

Buddha 佛 **buddh|is|ta** 佛徒 **buddh|is|mo** 佛教
social 社会 **social|is|ta** 社会主义者 **social|is|mo** 社会主义

2) …实践者。如：

arte 艺术 **art|is|ta** 艺术家
piano 钢琴 **pian|is|ta** 钢琴家
machina 机械 **machin|is|ta** 机械师
telegrapho 电报 **telegraph|is|ta** 电报员

3) 形容词。如：**un partito socialista**

解释55 从动词词尾-**ar**/词尾-**er**，-**ir** 变化而来的名词词尾-**a|mento** / 词尾-**i|mento**，如：

aggravar **aggrava|mento** 加重
arrangiar **arrangia|mento** 整理，安排
consentir **consenti|mento** 同意

解释56 IALA 在开发因特语当初，无数个“小词”中，找不到三个以上具有即是相同字型，又是相同意思的语言，如 but / ma / pero / mais / aber。研究人员面对选择用“纯拉丁语”（当时的学校普遍用拉丁语），还是必遵守“找到三个以上相同语言”的规则，但，直到现在因特语倾向了不遵守“找到三个以上相同语言”的选择。前提是特定情况下显得自然。

IALA 在当时应该选择以上的两者之一，但遗憾没那样做。亚历山大戈德博士爱用拉丁语。本书的作者从五十年代初一直到现在，是一个积极的因特语使用者，总在思考着保留纯拉丁词的好的理由，大多数的因特语使用者大概也这样想吧。

例如：拉丁语 **Hic**（这里）和意思相同的日耳曼语 here, hier, här 音相似。很多的欧洲国家外语词典的拉丁引用例文中，我们能看到拉丁词 **hic**。

Nunc, now, nun, nu（现在）也一样。被选作为因特语中的 **ora**（现在）和有相似性因特语的 **oral**，**oration** 都是和任何“口，语”没有联系的词。还有宗教中常用的拉丁文 **Ora et labora!**（祈祷和工作!）用和因特语对立的 **ora**。因特语的 **anque** 也这样，选择了来源于国家只有一个的意大利语“anche”的词，但很奇怪变成了“戈德的拉丁”词中最常用的拉丁词 **etiam**，这两个词本来都应该被因特语的 **tamben** 所代替。

注意：本书的 CD 中用了 sed，etiam 词，而没用 ma，tamben 词。

一些异常罗曼语系中的词，可能出现在因特语的书面或口语中。用15种语出版的本书作者欢迎和建议选择排在下面最前面的词。

因特语	英语
alcun, alicun	some, any, a few
alcuno, alicuno	somebody
alora, tunc	then
alque, alique, alco	something
durante que, dum	while, whilst
es, son	are
essera, sera	will be
esserea, serea	would be
esseva, era	was, were
hic, ci	here
ibi, illac, la	there

因特语	英语
ille, celle, aquelle	that, those
jam, ja	already, just now
ma, sed, mais	but
nunc, ora	now
nunquam, non ... jammais	never
poc, pauc	little, few
poco, pauco	little
sempre, semper	always
super, super	on
unquam, jammais	ever

Lection 25

LISTA DE VOCABULOS

- **nive** 雪
- **autumno** 秋
- **transir** 通行
- **hiberno** 冬
  - **hibernar** 冬眠
- **arbore** 树
- **nude** 裸
- **depost**…以来
  - **depost longe tempore** 长久以来
- **dis|foliar** 落叶
  - **dis-**（前缀）除，反
- **tarde** 晚
- **ecclesia** 教堂
- **pro|menar se** 遛
- **a transverso de** 经…
- **aere** 空气
- **fresc** 新鲜
  - **re|fresc|ar se** 提神
- **tote** 全
- **celo** 天空
- **obscur** 暗
- **ni ... ni** 不…不…
- **stella** 星
- **parer** 显
- **triste** 悲
- **gris** 灰
- **pluv|er** 下雨
  - **pluv|ia** 雨
  - **pluv|iose** 多雨
- **frig|or** 寒
  - **frig|ide** 冷
- **illo me gusta** 我喜欢它
  - **gustar** 尝
- **con|sentir** 同意
- **na|sc|er** 出生
  - **na|t|ura** 自然
  - **na|t|ion** 国家
- **pre|ceder** 先行
- **primavera** 春
- **odor** 气味
- **est|ate** 夏
  - **est|ive** 夏天
- **sol** 太阳
- **frequente** 频繁
- **pretender** 主张
- **unda** 浪
- **mar** 海
- **sal|in** 咸
- **supportabile** 能忍受
- **replicar** 答
- **molle** 软
- **considerar** 考虑
- **ir al incontro de** 迎接
- **tacer** 沉默
- **arrestar** 停
- **facie** 脸
- **in alto** 向上
- **lente** 慢
- **labio** 嘴
- **tenere** 温柔
- **basio** 吻
  - **basiar** 吻
- **a|deo** 再见

Lection 26-27

LISTA DE VOCABULOS

ex|tracto 摘录
ex|traher 摘录
jornal 报纸
jorno 日
re|port|ar 报
re|port|ero 记者
agent|ia 新闻处
pressa 新闻界
recente 最近的
conferentia 新闻发布会
educar 教育
education 教育
cult|ura 文化
delegar 委托
delegato 代表
stato 州
membro 会员
ex|primer 表达
ex|pression 表达
satis|fac|t|ion 满足
numer|ose 大量
innumerabile 无数
initiativa 主动权
dis|veloppa|mento 发展
dis|velopp|ar 发展
servicio 服务
facilitar 促成
facile 容易
ex|cambio 交换
debatto 讨论
causar 引起
pro|posit|ion 建议
pro attaccar 着手
an|alphabet|ismo 文盲（解释29）
unir se 团结
protesto 抗议
contra 反对
contra|dicer 抵触
retarda|mento 耽搁
in retardo 晚点
plano 计划
per consequente 于是
real|is|a|tion 实现
habil|itate 技能
habile 熟手
tempera|mento 性格
projectar 计划
con|stru|ct|ion 施工
con|stru|er 建设
schola 学校
plus que 以上
un tal 这样的
diminuer 减
standardisation 标准化
ducer 引导
econom|is|ation 节约
man|tener 主张
porta-voce 发言人
manco 缺乏
instru|er 指导
instruct|ion 教导
instruct|or 教员
remediar 救济
e|miss|ion 广播
e|mitt|er 广播
resolution 决议

resolute 坚决

tele|vi|s|ion 电视

ac|cept|ar 接受

fin 末

al fin 终于

session 会议

recommendar 推荐

prior|itate 优先权

lucta 斗争

manifestar 表明

ac|t|ion 行动

rational 合理

conforme a 符合

pre|side|nte 主席

assemblea 集合

general 普通

consilio 忠告

solu|t|ion 解决

communication 沟通

lingu|ist|ic 语言的

radice 根

duple 双

deber 必须

morphema 词素

secundo 依

suffixo 后缀

re|leger 重读

ab 离

in supra 以上

ex|ig|er 要求

Lection 28

LISTA DE VOCABULOS

authentic 真实
scientia 科学
novas 新闻
  un nova 一则新闻
publicar 公开
  publication 公开
re|cerca 调查
  cercar 搜索
cancer 癌
sero 血清
Svedia 瑞典
  svedese 瑞典语
capace 能干
destruer 破坏
cellula 细胞
  cellular 细胞的
in vitro 体外
normal 正常
  norma 标准
mesme 相同的
durante que 当…
sanguine 血
cavallo 马
reciper 收
injection 注射
  jectar 扔
miscer 混
  mixtura 混合
materia 物质
derivar 抽出
zoologia 生物学
tortuca 龟
gigante 巨大
capitano 船长
  capite 头
capturar 捕获
rege 国王
insula 岛
viver 生活
trovar se 处
sanitate 健康
geo|logia 地质学
laco 湖
Norvegia 挪威
profundor 深度
  profunde 深
circa 约
hydro|logia 水文学
hypo|these 假设
retro 前
  10 annos retro/ante 10 annos 十年前
epocha 时代
glacial 冰河
  glacie 冰
infra 下面
super|ficie 表面
oceano 海洋
calcular 计算
descender 下降
depost 以来
computator 计算机
electronic 电子
relativitate 相对

population 人口
littera 文字
cifra 数字
pertiner a 属
branca 分支

Lection 29

LISTA DE VOCABULOS

architectura 建筑学
tecto 屋顶
Russia 俄罗斯
russe 俄罗斯的
enorme 巨大
pro|gresso 进步
edificio 建筑物
a partes…零件的
pre|fabricar 预制
fabricar 制造
fabrica 工厂
etage 楼层
compler 完成
obrero 工人
obra 工作
e|rig|er 建
e|rect|e 挺直的
appartamento 公寓
verso 向
domicilio 住宅
urban 城市的
va usar 打算用…
technica 技术
stato|unitese 美国的
dubitar 怀疑
base 基础
a base de 根据
comparation 比较
limitar 限
limite 极限
integremente 都
integre 全
morbo 病
cardiac 心脏的
epi|demio|logic 流行病学的
Japon 日本
area 区域
aqua molle 软水
aqua dur 硬水
basse 低
alte 高
contento 成分
mineral 矿物
co|r|relation 相关
vaste 广大
morte 死亡
citate 城市
habitante 居民
phoca 海豹
delphino 海猪
expressive 表现力的

inter|individual 个体间
sono 声音
dolor 痛苦
gaudio 幸福
varie 各个
emotion 情
trans|mitter 传递
tele|phonicamente 通电话
il pare 看来
comprender se 互相了解
kilometro 公里
con|ducer 举办
frequentia 率
cyclo 周
organo 器官
notitia 信息

注意：

第28- 29课的一些单词不在“常见因特语2,000单词”中。作者是希望读看到科普方面的因特语实用例文，既在这类文本中，因特语已广泛的被应了

从希腊语起源的单词

在科学和医学上，很多现代欧洲语（包括因特语）中，有名的专业术语起源于希腊文。从字母的 y，词尾的-ic，以及独特组合字母的 ph，ch，th，rh 中都能辨认出很多的希腊词，它也被保留在因特语中（因特语的 th 发[t]音）。如：

PH [f]	**CH** [k]	**TH** [t]	**RH** [r]
catastrophe	architectura	hypothese	catarrho
metaphysica	bronchitis	sympathia	diarrhea
pharmacia	cholera	synthetic	rheumatismo
philosophia	polytechnic	theoria	
telephono	schema	therapia	
	technica		

Lection 30

LISTA DE VOCABULOS

Proverbio 成语
non ancora 未
compilar 编写
cata 皆
rana 青蛙
creder se 相信自己
del dic|to al fac|to 从文字到契约
trac|to 期间
  traher 划
palea 稻草
star 站
loco 地方
  non sta ben in un loco 不配
fico 无花果
lic|ite 合法的
bove 公牛
convention 公约
garantir 担保
  garantia 保证
cive 市民
inseniamento 教导
scholar 学校的
element|ari 初步的
sub|jecto 主题
co|gnoscentia 知识
utile 有用
e ... e ...都
scientific 科学的
necessari 必要的
littera|tura 文献
super|flue 多余的
realisar 实现
secundo 据
pre|sup|poner 预料
i.a. (inter altere) 尤其
instituto 研究所
occupar se de 参与
curso 课程
concerner 有关
e|laboration 精巧
de|signar 设计
inseniar 教
in addition 另外
edition 出版
revista 杂志
mensual 月刊的
dedicar 献
methodo 方法
dif|funder 扩散
  diffusion 扩散
septimanal 周刊的
popular 受欢迎的
variar 变化
stadio 阶段
initial 初
stabilitate 稳定
impedir 阻止
  impedimento 阻止
risco 危险
dis|solu|tion 分裂
  solver 解决
dialecto 方言

apprehension 忧虑
exaggerar 夸大
era 时代
render 给予
practic|abile 行得通
uso 用途
 usar 用
registrar 登记
 registration 登记注册
identic 相同的
disco 圆盘
assi 如此
 (as)si ... como 如…一样
grammatica 语法
semblar 似乎
minimo 最小值
regularmente 经常
matur 成熟的
conto 故事
perla 珍珠
utilisator 用户
adresse 地址
abonar se 订购
 abonato 订购者
in infra 在…下面
auxiliar 附属的
inviar 送
autor 作者

注意：请看因特语最新英文信息的链接：
http://www.interlingua.com/interlingua-en

Publicationes per Ingvar Stenström:

(UMI = Union Mundial pro Interlingua; SSI = Societate Svedese pro Interlingua)

Interlingua – instrumento moderne de communication international. Textos + Commentario svedese. Läromedelsförlagen/Esselte Studium, Svedia, 1972, 142 pp. ISBN 91-24-20621-0.

1• Textos. 2-e ed., revidite. UMI, 1989, 60 pp. ISBN 90-71196-15-1. Un CD con omne Textos legite per le autor es obtenibile.

2• Melléklet magyarul (Ferenc Jeszenszky). UMI, 1987, 73 pp. ISBN 90-71196-02-2.

2• Supplemento pro francophonos (Gunnar Danielsson, Jean Mahé, Madeleine Potet, Alix Potet). UMI, 1988, 56 pp. ISBN 90-71196-09-7.

2• Lehrgang für Deutschsprachige (Richard Zimmermann, Peter Liebig).
UMI, 1989, 60 pp. ISBN 90-71196-14-3.

2• Svensk kommentar. UMI, 1989, 84 pp. ISBN 90-71196-16-X.

2-e ed., SSI/www.lulu.com, 2010, 71 pp. ISBN 978-91-977066-8-1.

2• Commentario. Dansk udgave (Bent Andersen, Thomas Breinstrup,

H. P. Frodelund). Dansk Interlingua Union, 2-e ed. 1990, 56 pp. SBN 87-89445-06-6.

2• Commentario pro lusophonos (Waldson Pinheiro). União Brasileiro de Interlingua, 1992, 48 pp. ISBN 85-85453-02-8.

2• Commentario. Norsk utgave (Dagrun & Ole Øiseth). Norsk Interlingua
Union, 1993, 56 pp.

2• Supplemento pro russophonos (Jurij Cherednikov). UMI, 1993, 66 pp.

(Tamben in Internet.)

2• Supliment pentru români (Toma Macovei). UMI, 1996, 55 pp.
ISBN 90-71196-47-9.

2• Commentario pro poloneses (Jerzy Ma»achowski, Pawe» Wimmer).
(Publicate in Internet)

2• Interlingva za natchinaeshtchi (Petyo Angelov, Stefka Yontcheva),
UMI, Sofia 2003, 50 pp.

2• Vadov□lis lietuviams (Vladas Kazlauskas, Arne Pedersen). 76 pp.
(A publicar)

1•+2• Textos & Explanations in English (Catriona M. Chaplin).
SSI/www.lulu.com, 2010, 150 pp. ISBN 978-91-977066-5-0.

1•+2• Textos & Explicaciones en español (Josu Lavin).
SSI/www.lulu.com, 2010, 155 pp. ISBN 978-91-977066-6-7.
66

1•+2• Textos & Erläuterungen auf Deutsch (2-e ed. de Lehrgang für Deutschsprachige per Zimmermann-Liebig, revidite per Sven Frank).
Deutsche Interlingua Union / www.lulu.com, 2010, 146 pp.
ISBN 978-3-00-033340-8.

1•+2• Textos & Commentario. Norsk utgave (2-e ed. de Commentario per Dagrun e Ole Øiseth, revidite per Magne Heie e.a.). Norsk Interlingua Union / www.lulu.com, 2010, 132 pp. ISBN 978-82-992877-2-2.

Tema: Interlinguistica e Interlingua. Discursos public per Ingvar Stenström
e Leland B. Yeager. UMI, 1991, 72 pp. ISBN 90-71196-17-8.
Secunde ed.: Interlinguistica e Interlingua. SSI/www.lulu.com, 2009.
ISBN 978-91-977066-4-3.

Como inseniar Interlingua? Theorias e consilios practic. Un guida pro non-expertos. SSI, 1993, 12 pp.

Interlingua-svensk ordbok. 25 000 internationella ord. Studentlitteratur, Lund, 1995, 279 pp. ISBN 91-44-60521-8.

Occidental-Interlingue. Factos e fato de un lingua international. SSI, 1997, 40 pp. ISBN 91-971940-2-6.

Formation de parolas in Interlingua. SSI, 1999, 12 pp. Vendite pro le Fundo pro Europa Oriental. ISBN 91-971940-4-2.

Qui besonia Interlingua? e Qual sorta de Interlingua es besoniate? Un discurso al 15-e Conferentia de Interlingua, julio 2001 in Gda½sk, Polonia. 12 pp.

Mi testamento interlinguistic. Discurso julio 2003, Bulgaria. Partialmente publicate in Panorama 2004:5.

Interlingua e su promotion durante 50 annos. SSI/www.lulu.com, 2008, 270 pp. ISBN 978-91-971940-5-1

Adresses importante

Paul May, 305 Poage Ct. #2
Lexington, HY 40515, USA
paullecorde@hotmail.com

Union Mundial pro Interlingua (UMI)
www.interlingua.com
secretario.general@interlingua.com

Societate Svedese pro Interlingua (SSI)
secretario@interlingua.nu
Conto postal Plusgiro 474141 - 9
F +46-/0/340/150 53, +46-/0/340/875 45

Panorama – in interlingua
www.interlingua.com/panorama
panorama@interlingua.com

Servicio de Libros UMI
www.interlingua.com/libros
libros@interlingua.com

词汇表：

常用因特语2,000 单词

重音通常在最后一个辅音前的元音上，在不遵循这样规则的单词时，标出下划线的元音为重音。ch/g 通常发 [k]/[g]音，例外的在单词后面标出发 [sh]/[j] 音。

A

a 在…，到…

ab 离，从

abandonar 放弃

abassar 降

abbreviar 简略

abonar se 订购

abonato 订购者

absente 缺席的

absolute 绝对的

absorber（**-sorpt-**）吸收

absurde 荒唐

abundant 大量的，丰富的

accelerar 加速

accender（**-cens-**）点燃

accento 强调

accentuar 强调

acceptar 接受，承认

accidente 事故

accompaniar 陪

accordo 一致，符合

de accordo 一致，符合

accostumar 使…习惯

accusar 指控

acido 酸（性物质）

aciero 钢铁

action 行动

active 活泼的

acto 行为

actual 实际的

acute 急性的，尖锐的，敏锐的

adaptar 使…适应，使…适合

adder 添加，附加

addormir se 入睡

adeo 再见

adjectivo 形容词

adjunger（**-junct-**）连接，结合

adjuta 帮助

admirar 钦佩，赞赏

admitter（**-miss-**）承认

admoner 警告，告诫，忠告

adoptar 采用

adora 崇拜，敬爱，爱慕

adresse 地址

adulto 成年人

advertir 警告，通知

advocar 召唤，召集

aere 空气

affabile 和蔼可亲的

affaire 事情

affamar 使…饿

affection 影响，喜爱，爱慕

affin 姻亲的，相似的

affirmar 断言，主张

agentia 代理店

ager（**act-**）行动

agitar 搅动

agradabile 令人愉快的，惬意的

aggrandir 扩大

agulia 针

al = a + le 在…，到…

ala 翅膀

alacre 热切的，轻快的

albergo 旅馆

alcun, alicun 某种，一些

alcuno 某人

alimento 食物

allegre 快乐的，愉快的
alora 那时，那么
alque, alique 某事，某物
alte 高
altere 另外的，其他的
alterubi 在别处
altitude 高度
alto 顶，上部
in alto 向上，在高处
amabile 和蔼可亲，令人愉悦
amar 爱，喜欢
amar 苦味的
ambe(s) 两者
ambiente 环境
ambular 走
amical 友好的
amico 朋友
amonta 总数，总额
amor 爱
amusar 逗乐
analphabetismo 文盲
ancian 古代的，旧的
ancora 还
anello 戒指，圆环
angulo 角落，角度
anima 精神，灵魂
animal 动物
anno 年
annual 年度
annuncio 通告
anque 也
ansa 手柄
ante 在…前面，在…以前
antea 从前
anterior 前面的，以前的
antiquate 陈旧的，老式的
antique 古董的
anxie 发愁，急于
aperir (-pert-) 打开
aperte 开着的
apparato 器械，器具
apparer 出现
appartamento 公寓
appellar 叫
appellar se 称
appello 呼吁
appender 附加
appertiner 属于
appetito 胃口
applauder (-plaus-) 鼓掌
applauso 掌声
appoio 支持
apportar 带来
appreciar 欣赏
apprender 学
approbar 赞成，批准
approchar [-sh-] 靠近，接近
apte 适当的
apud 靠近
aqua 水
arbore 树木
architecto 建筑师
arco 拱，弓
arder 燃
ardor 热情
area 地域
argento 银
argilla 粘土
argumento 论据，论点
arma 武器
armea 军队
arrangiar 整理，排列，安排
arrestar 阻止
arrivar 到达
arte 艺术
articulo 冠词，条款，商品
artificial 人造的
ascender (-scens-) 上升，攀登
ascoltar 听
asino 驴
assatis 充分，相当
assecurar 保证
assemblea 集会，会议
assi 如此
association 联合，联想
atroce 凶恶的，糟透的
attacco 攻击
attachar [-sh-] 贴，装，附
attender (-tent-) 等

待，照料，侍候
attention 注意
attentive 小心谨慎的
atterrar 着陆，降落
attinger 达到，获得
attractive 吸引的
attraher (-tract-) 吸引
audir 听
auditorio 礼堂
augmentar 增加
aure 耳朵
auro 黄金
authentic 真实的
autobus 公共汽车
auto(mobile) 车
autor 作者
autoritate 权威，当局
autumno 秋天
auxiliar 辅助的
avantage 优势
avante 前，领先
avantia 进步
in avantia 领先
avantiar 提前
avar 吝啬
ave 鸟
aventura 冒险
averter (-vers-) 挡开，转移
avion 飞机
azur 蓝的

B
baca 野果
bagage 行李
balancia 天平，平衡
balla 球
ballon 气球
banca 银行
banco 长凳
banda 带
bandiera 旗帜
baniar (se) 沐浴，游泳
banio 洗澡，澡堂
barra 条，棒
barriera 障碍物
base 基础
basic 基本的
basio 接吻
bassar 放下，降下
basse 低的
a basso 向下
in basso 下面，楼下
bastante 足够，充分
bastar 足够
baston 手杖，棒
battalia 战斗
batter 打
belle 美丽的
beltate 美丽
ben 好
beneficio 利益，好处
benque, ben que 虽然
benvenite 欢迎的
berillos 眼镜
besoniar 需要
biber 喝
bibita 饮料
bibliotheca 图书馆，书斋
bicyclo 自行车
billet 车票
blanc 白的
blasmo 责备
blasphemar 谩骂
blau 蓝的
bloco 块，街区
blonde 金发
bobina 筒子
bomba 炸弹
bon 好
bordo 疆界
boteca 店铺
botta 长靴
bottilia 瓶
bove 公牛
bracio 胳膊
branca 树枝，分店
brave 勇敢
breve 短
bricca 砖
brillar 闪
brossa 刷子
brun 棕色的
bucca 嘴巴
bullir 沸腾，煮沸
bureau 办公桌，办公室
burla 玩笑
button 纽扣，按钮
butyro 黄油

C

cabana 船舱，小木屋

cader (cas-) 倒

cadita 跌倒，落下

caffe 咖啡

calcar 踢

calcea 长袜

calcetta 短袜

calcular 计算

calefaction 加热

calide 缓和，热

calmar 使…平静

calme 平静

calor 热，热烈

cambiar 改变，代替，交换

cambiar de 换车

cambio 改变，代替，交换

camera 房间

camerada 同志

camerero 服务员

camino 烟筒，壁炉

camion 卡车，货车

camisa 衬衫，女衬衫

campana 钟，铃

campania 战斗，推销

campo 原野

can 狗

cancer 癌

candela 蜡烛

cantar 唱

canto 歌曲

capace 能干

capillos 头发

capital 主要的

capitano 领袖，船长

capite 头

cappello 帽

captivar 着迷

capturar 捕获

car 亲爱的，昂贵的

cardiac 心脏的

carga 负担，义务

carne 肉

carro 马车，车

carta 卡片，地图

carton 纸板箱

casa 家

a casa 家里

in casa 在家里

caseo 干酪

caso 例子，情况

in tal caso 在…情况

cassa 付款台，付款处

cassera 女出纳员

casserola 炖锅

cata 各个

catena 链

cathedra 演讲台，讲坛

catto 猫

cauda 尾巴

causa 原因

a causa de 因为，由于

causar 引起

cavallo 马

cave 空洞的，凹陷的

cec 瞎的

ceder (cess-) 退让

celar 隐藏

celebrar 庆祝，举行

celebre 有名的

cellula 细胞

celo 天空

cena 晚餐

cento 百

central 中央的，中心的

centro 中央，中心

cercar 找，搜

certe 某一，某种，确实的

certo 当然

cessar 停止

characteristic 特性的

charme [sh-] 魅力

chassar [sh-] 狩猎，追逐

chef [sh-] 首领，厨师

chimic 化学的

choc [sh-] 冲击，震惊

cifra 数字，密码

cinctura 腰带

cinere 灰

cinquanta 五十

cinque 五

circa 大约

circulation 交通

circulo 圆圈
circum 在…周围
circumstantial 环境，情况
citate 城市
cive 市民
clar 清楚
classe 阶级，种类
clauder (**claus-**) 关闭
clave 钥匙，键
clavo 钉子
clinica 医院
cocer (**coct-**) 烹调，煮，烤
cocina 厨房
coclear 调羹
cognoscentia 知识，认识
cognoscer (**-gnit-**) 知道，认识
colla 糨糊，胶水
collapso 崩溃
collar 粘
collection 收集，收藏品
collega 同事，同僚
collider (**-lis-**) 碰撞，冲撞
colliger (**-lect-**) 收集，搜集，采集
collina 丘陵
collo 头颈
color 颜色
colpo 打击
combinar 结合
comenciar 开始
comic 喜剧的
commandar 点菜，命令
commatrage 言蜚语
commercio 商业
commun 共同的
communicar 沟通
como 怎样
compania 公司
companion 同伴
comparar 比较
compartimento 包房，隔间
compatriota 同胞
compilar 编辑
compler 完成
complete 完全的
comportar se 表现
comprar 买
comprender (**-prens-**) 明白，懂
computator 计算机
con 跟，和
concentrar 集中
concerner 有关
concluder (**-clus-**) 归纳
condition 条件
conducer (**-duct-**) 经营，引导
conferentia 会议
confidentia 信心，秘密
conforme a 按照
confortabile 舒服的
confunder (**-fus-**) 混乱
congresso 会议
conjectura 推论
connecter (**-nex-**) 连接
conscie (**de**) 意识
conscientia 意识，良心
consentir (**-sens-**) 同意
consequente 连续的
per consequente 于是
conservar 保护，保藏，保存
considerar 考虑
consilio 理事会，忠告
consister de 由…组成
constante 经常的
constatar 确认，确定
construer (**-struct-**) 建设
contar 叙述，算
contente 满意的，高兴的
contento 内容，含量
continer (**-tent-**) 包含
continuar 继续
conto 账户，故事
contra 反对
contradicer (**-dict-**) 矛盾

contrario 相反
al contrario 反之
contribuer (-tribut-) 贡献
conveniente 方便的
convenir (-vent-) 合适
convention 公约
conversation 会话
converter (-vers-) 变换
convincer (-vict-) 说服
coperculo 盖子
coperir (-pert-) 掩盖
copia 拷贝
corage 勇气
corbe 笼子
corda 绳子
corde 心脏，心
cordial 衷心的
corio 皮革
corona 王冠
corpore 身体
correcte 正确的
correlation 相关
correspondente 相应的
corriger (-rect-) 纠正
corte 法庭，王宫，庭院
cortese 礼貌的
cortina 帘子
cosa 东西
costa 海岸
costar 花费
costo 费用
costume 习惯
coton 棉
crear 创造
creder 相信
crema 奶油
crescer 成长
crimine 犯罪
crise 危机
critar 喊
critic 指责
critico 批评家
crito 喊叫
croc 钩
cruce 十字
crude 生的，未加工的
cruel 残酷的
cuje 谁的
culmine 高潮
culpa 罪
culpabile 有罪
cultello 刀
cultivar 栽培
cultura 栽培，文化
cupro 铜
cura 关怀，看护
curiose 奇怪的，好奇的
currente 现在的，活期
currer (curs-) 跑
cursa 跑步，赛跑
curso 过程，课程，路线
curte 短
curva 曲线，弯曲
cute 皮肤
cyclo 周

D
Dama 夫人
damno 损害
dansa 跳舞
dar 给
data 日期
de 的
dea 女神
debatto 讨论
deber 应该
debile 软弱
debita 负债
decader 衰退
dece 十
decider (-cis-) 决定
decime 第十
decision 决定
declarar 宣布，申报
dedicar 贡献
defender (-fens-) 保卫
definir 定义
del (de + le) 的
delegar 派遣
delegato 代表者
delphino 海猪，海豚
deman 明天
demandar 问，请求
demonstrar 证明，表演，显示
dente 牙
deo 神

departimento 部门
depost …后
derecto 权利
derider (-ris-) 嘲笑
derivar 起源
descender (-scens-) 下降
describer (-script-) 描述
desde …以来
designo 设计，图案
desirar 愿望
desiro 愿望
destino 命运
destruer (-struct-) 破坏
detalio 仔细
determinar 决心，确定
detra 在…后面
devenir 成为
dext(e)ra 右
  dext(e)re 右的
diabolo 鬼
dicer (dict-) 说
dictionario 词典
die 日子
differente 不一样，各种
differentia 差异
difficile 难
difficultate 困难
digito 指
digne 值得
diligente 勤奋
diligentia 勤奋
diminuer 减少
dimitter (-miss-) 解雇
dinar 正餐（午餐/晚餐）
directe 直接的
direction 方向
diriger (-rect-) 指示
disagradabile 不愉快的
disappunctar 失望
disco 圆盘，光盘
discoperir (-pert-) 发现
discoragiar 使…泄气，使…灰心
discrete 谨慎的
discurso 演讲
discussion 讨论
discuter (-cuss-) 讨论
disfoliar 落叶
disordine 混乱，失调
disparer 消失
dispender (-pens-) 花费，浪费
disperger (-spers-) 撒播，驱散
disponer (-posit-) 整理，排列，准备
disputa 争论
dissolution 溶解，解散
distante 远
distantia 距离
distinguer (-stinct-) 区别
disturbar 扰乱，打扰
disveloppar 开发，发展
disvestir 脱衣
diverse 各种
divertimento 娱乐，招待
divider (-vis-) 分开
divinar 猜
doler 痛
dolor 疼痛
domicilio 住处，住宅
dominar 支配，控制
dominica 星期一
domo 家
donar 捐，提供
dono 礼物
dormir 睡
dorso 后背
drappo 织物
droga 医药，毒品
dubita 怀疑
ducer (duct-) 引导
dulce 甜
dunque 于是
duo 二
dupar 欺骗
duple 双
dur 硬
durante 在…期间
  durante que 当…时候
durar 持续
E

e 和
e ... e... …都
ebrie 醉的
ecce 这里
ecclesia 教堂
economisation 节约
edificio 大楼，建筑物
editar 编辑
edition 编辑
educar 教育
effective 有效
effecto 效果
effortio 努力
ego 自私，我
electric 电气，电动
elegante 优美
elementari 初步
elevar 提，抬
eliger (elect-) 选择
embarassar 难堪
embryon 胎儿
emission 广播
emotion 情感
emplear 雇
empleo 雇佣
energia 能源
enoio 烦恼
enoiose 烦恼的
enorme 巨大
enthusiastic 热心的
entrar 进
entrata 门
epocha 时代，时期
equipa 队
erecte 直立的
eriger (-rect-) 建
errar 错过
error 错过
escappar 逃
espaventar 吓
esque …吗
essayo 企图
essential 本质的
esser 是
essugar 拭
est 东
establir 建立
estate 夏
estimar 尊敬
estimar 估计
estive 夏天的
estranie 奇怪的，外国的
estraniero 外国人，外国
etage 楼层
etate 年龄
etiam 也
eveliar 唤醒
eveliator 闹钟
evenir (-vent-) 发生
evento 事件，活动
evidente 明显的
evitar 回避
ex …出
exacte 正确的
exaggerar 夸大
examinar 考
examine 考试
excambio 交换
excellente 杰出的
excepte 除…以外
excusa 道歉
excusar 原谅
exemplo 例子
exequer (-ecut-) 实行
exercer 运用
exercitar 练习
exercitio 练习
exhaurir (-haust-) 耗尽
exiger (-act-) 要求
exir 出
exister 存在
exito 出口
exopero 罢工
expectar 期待
expedir 发送
experientia 经验
explicar 说明
exploder (-plos-) 爆炸
expression 表达
exprimer (-press-) 表达
extender (-tens-) 伸出
exterior 外部
extra 外面
extracto 提取物
extraordinari 特别的
extreme 极端的

F
fabrica 工厂
facer (-fact-) 做，作
facie 脸
facile 容易

facilitar 促进
facto 事实
  de facto 事实上
faller 失败
falta 缺点
fama 名声
fame 饿
familia 家族
familiar 熟悉的
farina 面粉
fatigate 累
favor 恩惠
  per favor 请
favorite 爱好
fede 丑
felice 幸福
femina 女
fenestra 窗
feno 干草
fer 自豪
ferma 农场
feroce 凶猛
ferro 铁
ferrovia 铁道
fico 无花果
fide 信心
fidel 可靠的
fider 信赖
filia 女儿
filio 儿子
filo 线
fin 尽头
  a fin de 为
  a fin que 为了…
final 最终的
finder (fiss-) 劈
finir 结束
firme 坚固
fixar 确定
fixe 确定的
flamma 火焰
flecha [-sh-] 箭
flecter (flex-) 弯
flor 花
flottar 浮
fluer (fluct-) 流
fluvio 河
focar 壁炉
foco 火
foder (foss-) 挖
folio 树叶
folle 发狂的
fonte 源泉
foramine 洞
forar 穿
foras 外面
foreste 森林
forma 形状
formar 构成
formulario 表格
fornir 供应
forsan 也许
fortalessa 要塞
forte 强
fortia 力
fortiar 强迫
fortuna 命运
fracassar 粉碎
fractura 断裂
franger (fract-) 打破
frappar 打
fratre 兄弟
fraude 诈骗
frequentar 时常来往
frequente 频繁的
fresc 凉快，新鲜
fricar 摩擦
frigide 冷
frigor 寒冷
frir 油炸
fronte 额头
frontiera 国境
fructo 水果
fruer (fruct-) (de) 享受
frumento 小麦
fugir 逃
fugita 溃逃
fuligine 煤灰
fulmine 雷电
fumar 抽烟
fumo 烟
funder (fus-) 融化
fundo 底
fundo 背景
fur 贼
furchetta 叉子
furiose 狂怒的
futur 将来的
fusil 枪

G
gallo 公鸡
gamba 腿
gambon 火腿
ganiar 赢，赚，获得
garantir 保证
garrular 聊

gauder (**de**) 享受
gaudio 高兴
gelar 冻结
gena 脸颊
general 普通的
generation 世代
genere 种类，性别
generose 慷慨的
geniculo 膝盖
genitores 父母，祖先
gente 人民
genuin 真正的
geographic 地理的
geologia 地质学
gigante 巨大
girar 旋转
glacie 冰
glissar 滑
glutir 吞
gonna 裙子
governamento 政府
governar 驾驶，支配
grado 成绩
gradual 逐渐的
grammatica 语法
grande 大
grandor 伟大
grano 粒子
granpatre 祖父
grasse 肥
grate 感谢
gratias 谢谢
gratuite 免费
grave 严重
gris 灰的
grossier 粗
gruppo 群
guanto 手套
guarda 警卫员
guastar 浪费
guerra 战争
guidar 向导
gumma 橡皮
gustar 尝
gutta 滴
gutture 喉咙

H
haber 有
habile 熟练的
habitante 居民
habitar /**in**/ 住
habito 套装
hacha [-sh-] 斧头
halito 气息
haltar 停止
hasardo 冒险
hastar 赶紧
haste 赶快
herba 草
hereditar 继承
heri 昨天
heroe 英雄
hesitar 犹豫
hiberno 冬
hic 这里
historia 历史，故事
hodie 今天
homine 人
honeste 诚实的
honor 荣誉
hora 小时
de bon hora 早
horologio 钟表
horribile 可怕
hospital 医院
hospite 客人
hospitero 主人
hotel 旅馆
human 人
humano 人
humero 肩膀
humide 湿的
humile 谦虚的
humor 情绪

I
i.a. (**inter altere**) 特别
i.e. (**isto es**) 即
ibi 那
idea 主意
identic 相同
idioma 语言
idiota 呆子
ignorar 不知道，无视
il 它
il ha 有
illa 她
ille 那，他
illes (**illas**, **illos**) 他们，她们，它们
illo 那
illustration 插图
imaginar 想像
imagine 形象
imbraciar 抱
imitar 模仿

immediate 立即的
immerger (-mers-) 沉浸
immunde 脏
impatiente 急躁的
impedir 阻止
imperativo 命令语气，祈使语气
importante 重要的
importar 重要
  non importa 不重要
impossibile 不可能
impressionar 铭刻
imprimer (-press-) 印刷
in 在…内
incatenar 拴住
  incatenar su lingua 住嘴
incendio 火灾
includer (-clus-) 包括
incognite 未知的
incontrar 会见
incontro 见面
incoragiar 鼓励
incredibile 难以置信
indicar 指示
indiscrete 不慎重
indiscutibile 无可争辩的
inducer (-duct-) 劝诱
industria 工业
inevitabile 必然
inexpectate 意外
infante 孩子
infantia 童年
infectar 传染
inferior 下等的
inferno 地狱
infinitivo 动词不定式
infirmera 女护士
inflar 膨胀
influentia 影响
informar 通知
infra …下面
ingeniero 工程师
inimico 敌人
initiativa 主动
initio 起点
injuria 伤害
innumerabile 无数的
inquiete 担心的
insecto 虫
inseniar 教
insimul 一起
inspirar 启发
instruer (-struct-) 教
instrumento 乐器
insula 半岛
integre 整个
intelligente 聪慧
intender (-tent-/-tens-) 打算
inter 在…间
interesse 兴趣
interior 内部的
international 国际的
interprender (-pris-) 企图
interprisa 企业
interrar 埋
interrumper (-rupt-) 中断
intertenimento 娱乐
intra 在…内
introducer (-duct-) 介绍
inusabile 不可用
inusual 异常
inveloppe 信封
invenito 收入
inviar 送
invidia 羡慕
invio 邮件
invitar 招待
io 我
ipse 自己
ir 去
ira 愤怒
iste 这（些）
isto 这（些）

J

jacer 躺
jachetta 茄克衫
jalne 黄的
jam 已经
jardin 花园
jectar 扔
jentaculo 早饭
jentar 吃早饭
jocar 玩
joco 游戏

joculo 玩具
joiel 宝石
jornal 报纸
jorno 日子
jovedi 星期四
judicar 判断
judice 法官
juncte 联合的
junger (junct-) 联合
jurar 发誓
jure 法律
juste 公正的
justitia 正义
justo 正
juvene 年轻的
juventute 青春期
juxta 近

K
kilometro 公里

L
la 她
labio 唇
labor 工作
lacerar 撕裂
laco 湖
lacrima 眼泪
lacte 牛奶
lamentar 哀叹
lamina 刀片
lana 羊毛
lancear 发射
large 宽阔
las 她们
lassar 让，留
latere 旁边
latino 拉丁语
laton 黄铜
latta 金属薄板
laude 表扬
lavar 洗
laxe 松弛
le 他
le 这（定冠词）
lection 课
lecto 床
lector 读者
lectura 阅读
lege 法律
leger (-lect-) 读
legier 轻
legumine 蔬菜
lente 慢的
les 他们
lettera 信
levar 提高
  levar se 起床
leve 轻
libere 自由
libro 书
licite 合法的
ligamine 纽带
ligar 捆绑
ligno 木材
limine 门槛
limitar 限制
limite 界线
linea 线
lingua 舌头，语言
lisie 平滑
litore 岸
littera 文字，信
litteratura 文献
livrar 传递
lo 它
locar 出租
loco 地方
longe 长
longitude 长度
lontan 远
lor 他们的
los 它们
lucta 斗争
lucto 丧
lumine 光
luna 月亮
lunch [-sh] 午饭
lunedi 星期一
luxo 奢侈

M
ma 但是
macellero 屠夫
macula 斑点
maestro 主人，专家
magazin 店，杂志
magne 伟大
magre 瘦
major 主要的
mal 坏
malade 病的
maladia 病
malgrado 尽管
mancar 缺乏
manco 缺乏
mandar 送
manear 应付
mangiar 吃
maniera 方法
manifestar 表明

mano 手
mantello 外套
mantener 维持
manual 课本
manuscripto 手稿
mar 海
marcar 标志
marcer 枯萎
marchar [-sh-] 行进
marita 妻子
maritage [-jeh] 结婚
marito 丈夫
marmita 锅
martedi 星期二
martello 锤子
mascule 男
materia 物质，材料
maternal, materne 母亲的
mathematica 数学
matino 早晨
matre 母亲
matur 熟
maxime 最大
me 我
media 平均
medicamento 药
medicina 医术
medico 医生
medie 半
mediedie 中午
medietate 一半
medio 中间
melio 更好
melior 更好的
membro 会员
memorar 记得
menacia 威胁
mense 月份
mensual 每月的
mente 心神
mentionar 提及
mentir 撒谎
mentita 谎言
menu 菜单
meraviliose 不简单
mercato 市场
merce 商品
mercuridi 星期三
meridie 中午
mesme 相同的
lo mesme 相同事
mesmo 甚至
non mesmo 尽管…不
message 信息
mestiero 职业
mesura 测定
methodo 方法
mi 我的
micre 小
mille 千
million 百万
mineral 矿物
minime 最低限度的
minimo 最低限度
minor 较小的
minus 较少
al minus 至少
minuta 分钟
miscer (mixt-) 混合
mitter (miss-) 搁，放
mixtura 混合物
mobile 移动式的
mobiles 家具
moda 时髦
moderne 摩登的
modeste 谦虚的
modic 节制的
modo 方式
molestar 打扰
molino 碾磨机
molle 软
momento 瞬间
moneta 硬币
monstrar 显示
montania 山
montar 登
morbo 病
morder (mors-) 咬
morir (mort-) 死
morsura 一口
morte 死亡
mover (mot-) 移动
multe 多的
multitude 群众
multo 非常多
munde 干净
mundial 全球
mundo 世界
murmurar 咕哝
muro 墙
musca 苍蝇
musculo 肌肉
musica 音乐
mute 哑
mysteriose 神秘的

N
nam 因为

narrar 叙述
nascentia 出生
nascer (nat-) 出生
naso 鼻
Natal 圣诞节
natar 游泳
nation 国家
natura 自然
naturalmente 当然
nave 船
navigar 航行
nebula 雾
necar 溺死
necessari 必要
necessitate 必要性
necun 没人
negar 否定
negliger (-lect-) 无视
negotio 交涉，贸易
nemo 没人
nepote 孙子，侄子
nervose 紧张
nette 干净
ni ... ni 既不…也不
nido 鸟巢
nigre 黑的
nihil 无
nive 雪
nivello 水平
no 不
nocer 损害
nocte 夜
nodo 结
nomine 名字

non 不
none 第九
nonne? 不是吗?
nord 北
nos 我们
nostre 我们的
nota 分数
nota de banca 纸币
notar 注意
notitia 消息
nova 新闻
novanta 九十
nove 新
de novo 再次
novem 九
nube 云
nuce 坚果
nude 裸的
nulle 没有
numero 数
numerose 无数的
nunc 现在
nunquam 决不
nutrir 滋养

O

o 或者
o ... o 不是…就是…
obedir 服从
objectar 反对
objecto 对象
oblidar 忘记
obra 作品
obrero 工人
obscur 黑暗的
obtener (-tent-) 得到
occasion 机会
occider (-cis-) 杀
occupar 占
occupar se de 从事
occupate 忙
occurrer 发生
oceano 海洋
octanta 八十
octave 第八
octo 八
oculo 眼睛
odio 仇恨
odor 气味
offender (-fens-) 得罪
offensa 得罪
offerer (-fert-) 提供
offerta 提议
officio 办公室
oleo 油
olfacer (-fact-) 闻
olim 曾经
omne 全
on 某（人）
opinar 以为
opinion 意见
opponer (-posit-) 反对
opposite 相反
opposito 对立物
optime 最好的
ora 现在
orator 演说者
ordinar 订购，指令
ordinari 普通
ordine 顺序
organisar 安排

organo 器官
orgolio 自尊心
origine 起源
osar 敢
oscitar 打哈欠
osso 骨
ovo 蛋

P
pacco, pacchetto 包裹
pace 和平
paga 薪水
pagar 付
pagina 页
pais 国
paisage 风景
pala 铲
palea 稻草
pallide 苍白
palo 杆
pan 面包
panico 恐慌
pannello 布
pantalones 裤子
papiro 纸
par 双
parcar 停放
parco 公园
pardono 原谅
parentes 父母，亲戚
parer 似乎
parlar 说
parola 单词
parte 部分
partir 离开
partita 离开
partito 政党
parve 小
passagero 乘客
passar 通过
passato 过去
passo 步
patata 土豆
patiente 耐性
patre 父亲
pauc 少
pausa 停顿
pavor 害怕
peccar 犯罪
pecia 片
pectine 梳子
pectore 胸
pecunia 钱
pede 脚
pejo 更坏
pejor 更坏
pelle 皮肤
pena 痛苦
  a pena 丝毫
pender (-pens-) 挂
pensar 想
pensata 思想
per 通过
perder 失
perdita 损失
perfecte 完全的
periculo 危险
periodico 报纸
periodo 期间
perla 真珠
permitter (-miss-) 许可
persona 人
pertiner 属
pesante 重
pesar 称重
peso 重量
pessime 糟糕
peter 请求
petra 石
phoca 海豹
phrase 句
piccar 刺
pictura 画
pigre 懒惰
pinger (pict-) 画
pira 梨
pisce 鱼
pista 足迹，跑道
placer 乐趣
placer 听便
placia 广场
plagia 岸
plan 平坦
planca 板
planger (planct-) 抱怨
plano 计划
plastico 塑料
platte 平的
platteforma 讲台
platto 盘子
plen 满的
plenar 填
plorar 哭
pluma 羽毛
plumbo 铅
plure 几
plus 更（多）

non ... plus 不…再
pluver 下雨
pluvia 雨
pneu 车胎
poc 少
un poco 一点
policia 警察
polir 磨光
polite 礼貌
pomo 苹果
poner (posit-/post-) 搁放
ponte 桥
popular 受欢迎
population 人口
populo 人民
porta 门
portar 携
porta-voce 发言人
porto 港
posseder (-sess-) 拥有
possibile 可能
post 在…后
posta 邮局
postea 以后
posterior 以后的
postero 邮递员
postmeridie 下午
posto 职位
postponer (-posit-) 延迟
potentia 力量
poter 能，会
povre 穷
practic 实际
prandio 午餐
precar 祈
prece 祈祷
preceder (-cess-) 优于
precio 价格
a precio alte 贵
a precio basse 便宜
preferer 宁可
premer (press-) 压
premio 奖
prender (prens-) 拿
preparar 准备
presentar 介绍
presente 现在，礼物，出席
presentia 存在
presidente 总统，会长
pressa 新闻界
pressar 迫
pressate 赶快
presso 近
a presso de 在…家里
prestar 借出
facer se prestar 借入
preste 停当
presto 马上
pretender (-tent/-tens-) 主张
preter 经过
prevenir (-vent-) 阻止
previe 以前的
primavera 春
prime 第一
primo 首先
prioritate 优先
prision 监狱
pro 为
probabile 很可能
probar 试
problema 问题
producer (-duct-) 生产
producto 产物
professor 教授
profunde 深
programma 程序
progreder (-gress-) 进展
progresso 进步
prohibir 禁
projectar 计划
promenada 散步
promenar se 散步
promissa 诺言
promitter (-miss-) 承诺
pronomine 代词
pronunciar 发音
proponer (-posit-) 建议
proprie 自己的
proprietate 财产
proque 为什么
proque 因为
prospere 繁荣
proteger (-tect-) 保护
protesto 抗议
prova 证明
provar 证明

proverbio 俗语
provocar 挑起
proxime 下一个
prudente 慎重的
public 公众的
publicar 出版
publico 观众
puera 女孩
puero 男孩
pugno 拳
pulsar 推
pulvere 粉末
puncta 尖端
puncto 要点
punger (punct-) 刺
punir 惩罚
pupa 玩偶
puteo 井
putrer 腐蚀

Q
quaderno 笔记本
quadro 框子
qual 哪一个
qualcosa 某物
qualcunque 任何
qualitate 质量
quando 什么时候
quandocunque 无论何时
quante 多少
quanto 多少
quanto ... tanto 越…越
quaranta 四十
quarte 第四
quasi 几乎
quatro 四
que 比
que 谁
que...? 什么…？
quecunque 任何
querela 抱怨
question 问题
qui 谁
de qui 谁的
quiete 静
quinte 第五
quitar 离
quotidian 每天的
quotisation 会费

R
rabie 愤怒
radice 词根
radio 收音机
rana 青蛙
rango 列
rapide 迅速
rar 希罕
rasar se 刮胡子
rasorio 剃刀
ration 道理
haber ration 是正确的
rational 合理的
re 关于
realisar 实现
recente 最近的
recerca 调查
reciper (-cept-) 接受
recognoscer (-gnit-) 认识
recommendar 推荐
recte 直的
refrescar se 提神
refusar 拒绝
rege 国王
reger 统治
regina 女王
region 地域
registrar 记录
registro 登记
regno 领域，王国
regratiar 谢
regrettabilemente 不幸
regrettar 遗憾
reguardar 视
regula 规则
regular 正规化
reimpler 填写
relative 相对
remaner 留
remar 划
remarcabile 卓越的
remarcar 注意
remediar 救
rememorar 提醒
render 给予
reparar 修理
repasto 餐
reper (rept-) 爬
repeter 反复
replicar 回答
reporto 汇报
reposo 休息
reprehender (-hens-) 非难
reprochar [-sh-] 责备

reservar 储备
resolute 坚决
resolution 决意
resorto 弹簧
respecto 尊重
responder (-spons-) 答
responsa 回答
responsabile 负责
restar 留
restaurante 餐馆
resto 其余
resultato 结果
retardamento, retardo 延迟
in retardo 延迟
rete 网
retener (-tent-) 保持
retornar 回
retro 前
revenir 回来
revider (-vis-/-vist-) 再见, 改
revista 杂志
ric 丰富
richessa 丰富
rider (ris-) 笑
rigide 僵
risco 危险
riso 笑声
riviera 河
rivo 溪
roba 衣服
robar 劫
rocca 岩石
rolar 滚
ronde 圆
rosa 玫瑰
rosiero 玫瑰灌木
rota 轮子
rubie 红
ruito 噪音
rumper (rupt-) 打破

S

sabbato 星期六
sablo 沙
sacco 袋
sage [-jeh] 聪明
saison 季节
sal 盐
sala 厅
salin 咸
salon 大厅
salsicia 香肠
saltar 跳
salutar 招呼
salute 迎接
salute! 你好！
salvage [-jeh] 野
salvar 救
salvo 除…以外
san 健康的
sancte 圣
sanguine 血
sanitate 健康
saper 懂，知道
sapon 肥皂
sapor 味
sasir 抓
satis 足够
satisfaction 满足
scala 梯
scalia 鳞
scarpa 鞋
scena 情景
schola 学校
scientia 科学
scopa 扫帚
scopo 目标
scriber (script-) 写
scriptorio 书桌
scuto 盾
se 自己
secale 黑麦
secar (sect-) 砍
secrete 秘密的
secreto 秘密
seculo 世纪
secunda 秒
secunde 第二
secundo 根据
secur 安全的
sed 但是
sede 座位
seder (sess-) 坐
sedia 椅子
seliger (-lect-) 选择
semblar 好像
semi- 半
semine 种子
sempre 总
senior (sr.) 先生
seniora (sra.) 夫人
senioretta (srta.) 小姐
sensibile 敏感
sensate 敏感
sensate 合理的
senso 感觉
sentiero 径

sentimento 感情
sentir (sens-) 感觉
separar 分
septanta 七十
septe 七
septimana 星期
septime 第七
sequer (secut-) 跟
seriose 认真
sero 血清
serra 锯
serrar 锁
serratura 锁
serreria 锯木厂
servicio 服务
servir 服务
servitor 服务员
session 会议
seta 丝绸
sete 口渴
sever 严
sex 六
sexanta 六十
sexo 性
sexte 第六
si 对，如
si ... como 像…样
si … que 那么
sia ... sia 不是…就是
sibilo 哨子
sic 干的
siccar 干
signatura 签名
significar 表示
signo 标志
silente 无声
silentio 无声
silva 森林
simia 猴子
simile 类似
simple 简单
sin 没有
singule 单
si-nominate 所谓的
situla 桶
sobrie 清醒
social 社会的
societate 社会，公司
socio 同事
sojorno 逗留
sol 太阳，独自
solemne 庄严
soler 惯
solide 固体的
solmente 只
solo 地面，只
solution 解决
solver (solut-) 解决
somno 睡觉
somnolente 瞌睡的
sonar 响
sonar 弹
sonio 梦
sono 声音
soror 姐妹
sorta 种类
sorte 命运
sortir 离开
sovente 常常
sparniar 节约
spatio 空间
special 特别的
specie 种类，香料
spectar 看
speculo 镜子
spero 希望
spina 荆棘，脊柱
spino 荆棘
spinula 钗
spirar 呼吸
spisse 浓重
sport 运动
stadio 舞台，层次
stagno 水塘
stanno 锡
star 站
station 车站
stato 国家，状态
stella 星
stilo 风格，铅笔
stoppar 停，塞
strata 马路
strato 层
strepito 噪音
stricte 严格的
structura 构造
studente 学生
studiar 学习
studio 读书
stupide 愚笨
su 他的，她的，它的
sub 在…下
subite 突然的
subito 突然
subjecto 主题
sublevar 提高
substantivo 名词
succeder (-cess-) 成

功
successo 成功
succo 果汁
succussa 摇晃
succuter (-cuss-) 摇晃
sucro 糖
sud 南
sudor 汗
suer (sut-) 缝
sufficer 满足
sufficiente 足够的
suffixo 后缀
sufflar 耳语
sufflo 耳语
suffocar 呛
suffrer 遭受
suger (suct-) 吸
suggestion 建议
super 在…上，关于
superar 征服，超过
superficie 表面
superflue 多余
superior 优越的
suppa 汤
supponer (-posit-) 假设
supportar 承受
supra 在…上
sur 在…上
surde 聋
surprender (-pris-) 惊奇
surprisa 惊奇
surrider (-ris-) 微笑
surriso 微笑
suspirar 叹
suspiro 叹息
sustener (-tent-) 维持
susurro 细声
sympathic 和蔼
synopse 概要

T
Tabaco 烟草
tabula 表格
tacer 沉默
tal 这么
taliar 切
talon 脚跟
tamben 也
tamen 然而
tante 如此多的
tanto 如此多
  tanto ... como 像…样
tapete 地毯
tarde 晚
tasca 袋
tassa 杯
taxa 税
taxi 出租车
te 你
technica 技术
tecto 屋顶，天花板
tela 布
telephonar 打电话
telephono 电话
television 电视
temperamento 性格
tempesta 暴风雨
tempore 时间，天气
tenace 顽强
tender (tens-) 伸展
tener (tin-/tent-) 保持
tenere 温柔
tentar 试图
tentativa 试验
tenue 薄
terra 地球
terreno 土地
terrer 惊吓
terribile 恐怖
tertie 第三
teste 见证
texer (text-) 织
texito (woven) 布
texto 课文
the 茶
theatral 戏剧的
thema 主题
timbro (postage) 邮票
timer 恐怕
timide 胆小
timor 恐怖
tinta 墨
tirar 拉
titulo 标题
toccar 触摸
tocco 触摸
tonar 打雷
tonder (tons-) 剪
tonitro 雷雨
tono 声调
tornar 转
torquer (tors-/tort-) 拧

torta 蛋糕
torto 错误
tortuca 龟
tosto 马上
plus tosto 宁可
tote 全，整
totevia 还是
toto 全部
tour 游览
trabe 横梁
tracia 痕迹
tractar 招待
tracto 期间
traducer (**-duct-**) 翻译
tragic 悲惨
traher (**tract-**) 拉
trainar 训练
traino 火车
trair 背叛
trans 对面
transir 穿越
transmitter (**-miss-**) 传
transverso 宽
a transverso (de) 通过
travalio 工作
tremular, **tremer** 震
trenta 三十
tres 三
tribuna 论坛
triste 伤心
tritico 小麦
troppo 太
trovar 发现
trovar se 在

tu 你的
le tue 你的
tubo 管子
tumba 墓
tunc 然后
turba 群
turre 塔
tussir 咳

U
ubi 哪
ubicunque 无论何处
ubique 到处
ulle 任何
ulterior 进一步
ultime 最后的
ultra 在…以外
umbra 影子
un 一，一个
unda 波
unir 联合
universitari 大学的
universitate 大学
universo 宇宙
unquam 曾经
urban 城市的
urbe 城市
urgente 紧急的
usar 用
uso 使用
usque (a) 至
usual 通常的
utensile 工具
utile 有益
utilisar 利用
uva 葡萄

V
vacantia(s) 假日
vacca 母牛
vacue 空的
vader (**vas-**) 去
vagar 漫游
valer 值得
valle 谷
valor 价值
valvula 阀
van 空虚
variar 变化
varie 各种各样
vaso 花瓶
vaste 广阔
vegetal 蔬菜
vehiculo 车辆
vela 帆
velo 面纱
velo 软腭
velocitate 速度
vena 静脉
vender 卖
vendita 销售
veneno 毒
venerdi 星期五
vengiar 报复
venir (**vent-**) 来
vento 风
ventre 腹部
ver 真
verbal 口头
verbo 动词
verde 绿的
verdura 青菜
vergonia 害羞
verificar 确认

verme 虫
verso 向
verter (vers-) 转
vespere 晚间
vestimento 衣服
vestir se 穿
vetere, vetule 老
via 路径
viage 旅游
viagiar 旅游
vice 次数，代替
a vices 有时
vicin 附近
vicino 邻居
victima 受害者
victoria 胜利
vider (vis-/vist-) 见
vidua 寡妇
vigilar 通宵
village [-jeh] 村
vincer (vict-) 赢
vino 葡萄酒
vinti 二十
violente 猛烈的
virga 竿
viro 男
visar 瞄准
visita 访问
visitar 访问
vista 景色，看法
viste que 既然
vita 生活，生命
vite 螺丝钉
vitro 玻璃
vive 活泼的
viver 生活
vivificante 活跃的
vocabulario 词汇
vocabulo 单词
vocar 呼唤
voce 声音
volante 方向盘
volar 飞
voler 要
volo 航程
voluntarie 自愿的
voluntate 情愿
volver (volut-/volt-) 卷，转
vos 您（们）
vostre 您（们）的
voto 投票
vulnerar 创
vulnere 创伤

W, X, Y, Z
west 西
zelo 热情
zero 零
zoologia 生物学

Informationes re interlingua

附录

介绍因特语

因特语是打开通向欧洲语言的钥匙

为什么要学因特语？

这个问题的简要答案是：因特语的词汇组成是国际间使用的 – 此词汇来源于欧洲，带有非常简单的 – 反映出一般欧洲语言语法的特点。学习因特语，利用其词汇是最简单的学习其他欧洲语的一个方法。

这样的解释要追述到这是一种印欧语系的语言 – 拉丁语，这是2000年前罗马帝国的语言。它一直作为在整个欧洲数百年来有教养者之间的沟通手段，科学家、政治家、天主教会用拉丁语在国际间沟通。但最重要的还是当今，我们所借助的拉丁单词在整个欧洲语言中已经在不同程度上被合并了。这就是“幸存的拉丁”，我们称之为因特语。

本书的宗旨

学习最常用的国际上共同词根，一种极为简单的语法，让因特语作为政治上中立的国际辅助语的沟通手段。

1. 为了和意大利、西班牙、葡萄牙及拉丁美洲人民的一般交流（类似因特语的母语人口超过六亿）。

2. 在自己熟悉的专科领域中，用意大利语、西班牙语、葡萄牙语、法语去阅读杂志书籍（当然，还需要一些字典的帮助）。

3. 如果是个科学家：在特定领域给全球很多读者（他们也能懂没学过的因特语文本）公开科学等信息。在读者里，你还可以包括说法语的和说英语的四亿人口中的科学家读者。

当然，为这些目标学好因特语，学习的内容要超过这本书的内容，但它将会带你一段很长的路。

4. 在参加国际运动（因特语世界联盟 - UMI）中，努力使用因特语，并引入世界各地的学校，作为不同国家间母语以外的政治上中立的辅助语。能够在几个国家间有一项国际协议，保证他们的公民约有200次的因特语课程，这意味着普通大众沟通领域里的一场革命。

在这议题上，因特语者是相当实务而又现实的。因特语者意识到 - 眼前 - 英语拥有国际沟通中的这个地位。这一事实给美国人和英国人以巨大的优势，在所有级的谈判上是处于完全不公平的。

世界的语言和辅助的语言

由于经济、政治、军事或文化的优势，不同语言在不同的世纪会成为世界语言：阿卡德语、希腊语、拉丁语、法语和最近的英语。没有一个语言在它取得其青睐的位置身后是没有经济、政治或文化帝国主义力量的。我们去学习和使用一种像因特语这样的辅助的语言，作为用在同另外国家的沟通上。（辅助语的定义是，它是一种语言而不是任何的母语）。

这个动力开创了一个可能性，即因特语采用像这样的一个立场 - 远离帝国主义 - 利用一个希腊拉丁术语在全世界自发传播文化、科学及技术。

人工辅助语言

为方便个人及国家间的沟通，需要一个即简单又中性的语言，很多理想主义者尝试着去发明人工语言。首先特别成功的是世界语，1887年，由波兰眼科医生柴门霍夫卢德维克完成。他是伟大的理想主义者，相信世界将停止对抗的战争，如果他们只有一个共同辅助语言的话。遗憾的是，历史已经表明，一个共通的语言是不足够去统一一个政治上被分割的国家。朝鲜半岛仅仅是一个例子。

世界语是混合了拉丁语、英语、法语、德语、波兰语和俄语中的单词，以及由柴门霍夫发明的最频繁单词。其中的俄语、德语等单词很难帮助德国、俄国等人理解用世界语写的文本，却又要让太多的成千上万个说罗曼语民族去懂它。

下面是1887年世界语写的样本：

Ĉiam kiam oni diskutas tiajn problemojn en la Unuiĝintaj Nacioj kaj en aliaj internaciaj organizaĵoj, preskaŭ ĉiuj ŝajnas nescii ke ekzistas aliaj eblaj solvoj, ne tiel neraciaj.

1951年翻译到因特语：

Sempre quando on discute tal problemas in le Nationes Unite e in altere organisationes international, quasi omnes sembla ignorar que existe altere solutiones possibile, non si irrational.

世界语只能通用于他们封闭的小世界内，即他们世界语的团体当中。因为甚至没有外界人能完全阅读和理解一个世界语的文本。十分理解世界语文本的人可能不会超过200,000，能阅读它的人肯定不超过100,000。他们在世界的伞状体制UEA，只有不到20,000名成员。

什么是因特语？

首先，它不是一个像世界语所构造原理图那样的人工语言。大约有800类项目，大部分已经被爱好者所公布。

为语言学专家探讨课题，1924年创立了国际辅助语言协会IALA。他们对几个项目开始留心察看，广泛咨询了很多的语言学家，在彻底考证之后得出了这个结论：一个国际的语言并不需要发明。在所有西方语言中，潜在的国际词汇，它早已存在，并且广布于科学术语之中。

IALA收集和标准化了像这样的单词，它是根据后面的这项原则，既在英语、法语、意大利语、西班牙语（或葡萄牙语）中，必须找到至少有其中的三个语相同的单词。为补充的需要，IALA又搜寻了德语和俄语。大部分因特语也存在于很多其他欧洲语言当中。在因特语中没有人工单词！它不是发明，只是现有单词的一个记录。

最大限度地归纳了简单语法

在IALA，研究是由Alexander Gode博士，以及世界著名的法国语言学家教授André Martinet（短期）指导的。

研究成果的两本书出版于1951年。

因特语-英语词典（IED）由国际辅助语言协会（IALA）在Alexander Gode的指挥下写著，因特语语法（IG）由Alexander Gode和Hugh E.Blair两人写著（两本书均在1951年由纽约的Storm出版社出版）。

此后，因特语的词典、课本及文学用多种语言出版。

本书“因特语－国际间沟通的现代工具”是瑞典原作的第15版。另外可以买到有作者朗读全部课文的一盘CD。

在 www.interlingua.com/libros 和 www.lulu.com 上可查到及购买。选择“Books”，键入“Interlingua”!

因特语作为现今世界一种沟通工具

在当今全球信息化竞争时代，毫无疑问需要国际的语言。

1. 在国际维和机构。

第一次世界大战前，国际联盟只有法语和英语作为公用语，联合国机构（UNO）加入了俄语、西班牙语、中文和阿拉伯语（有6种语言）。联合国教科文组织有9种语言，以及欧洲联盟（欧盟）有24种官方语言的搏斗。口译和笔译的成本是庞大的。低效又昂贵！

2. 科学的出版物是国际语言显赫的领域。

恰好在因特语公布几年后，进入这领域里最难征服的实际使用时期，1954年，被第一届在华盛顿的世界心脏病学大会及紧跟其后的其他代表大会所使用，特别是在医疗方面。

他们发表了论文摘要，仅用两种语言，原本语和因特语代替了不仅是三个或更多语言的一切印刷。数量可观的金钱被节省的同时，医生甚至在什么是因特语都还不知道的情况下，阅读和理解这个因特语版本！在古巴、丹麦、秘鲁、波兰及全美国的约30种医学杂志也开始做同样的事情。当美国开始把所有科学文摘收入到数据库时，英语成了唯一的语言，这当然就把使用因特语习惯的速度降了下来。虽然因特语已经在它的路途中成为了现代医学上的国际拉丁语。

3. 因特语作为一种学习其他西方语言的手段。

如果因特语引入世界各国学校，互相沟通的机会将是无穷的。这自然会想到如果“全世界学任何的一种语言”，那么，为什么不是英语呢？因为因特语与发音困难，有不规则变化的英语比较起来更容易学，每人都能在合理的时间内学会它。当然，英语仍是世界上最重要的语言之一。英语中65%的词汇来源于拉丁语，较少反复出现的词汇，在第一次学习的三、四年间，你没能去学的 - 但作为一个因特语者的你已经知道了英语中的许多单词了。

因特语对亚洲和非洲人民非常有用，是进入西方语言最容易的方法。

在瑞典的教学经验

25年间，本书作者用因特语，在瑞典的高中（进大学前的三年），担任教“国际词汇”。

在这个教学里，非常明白的说明了因特语是个理想的引导未来研究的语言，特别对罗曼语系，拉丁语和英语来说。

因特语的基础！

在实验期间，IALA也试图创建一个西方语言中包含东方（如中文、印地语、印尼语等）的语言，但意外发现这些语言对每个人来说一样难以理解。

怎样能保持你的因特语知识活力。

阅读！阅读书籍和电子书籍，至少经常阅读UMI的正式机关报Panorama！听Radio Interlingua和其他音频！参加因特语会议和聚会！小组上讨论，facebook上写，以及Skype.com上讲。

创建地方，区域，全国规模的团体或俱乐部，让因特语和它的素质众所周知，更加广泛得到应用！这样的团体可为你们国家的旅游、经济、文化而服务。这些团体还可以主动替代学校教学，直到有一天，因特语被正式列在学校的课程表上。出生时，我们不是罗曼语者，是需要指导和练习，即便如此，也比其他外语的学习所花费的时间少。

主要区别因特语和其他候选辅助语，是这种因特语已经能被使用，以及它在实际使用中超越了自己活动的封闭世界。

一位瑞典因特语者Kjell Rehnström曾经说过：“即使我是这世界上唯一可以说因特语的人，它还是会对我有用，因为数亿人能够理解我。”

真正的问题是开发一种在心理上接受的语言，因特语终于代表了一个现实的选择，它甚至被那些 - 考虑一个全球性语言的想法是乌托邦的人 - 公认为有用的了。

Ingvar Stenström
Vegagatan 12
SE-43236 VARBERG, Svedia
Tel. +46-(0)340-15053
Mobile 0766-33 60 94
ingvar.stenstrm@telia.com
Signatura in Skype: ingvarst
www.interlingua.nu
www.interlingua.com

致谢：

我衷心感谢陈路霞女士和吉田茂先生将这课本改编和翻译成中文，完成了这项艰难的工作。

我也非常感谢瑞典的 Erik Enfors 先生在出版的技术方面花了无数个小时和丹麦的 Bent Andersen 先生在变换文件时的重要帮助。

本书的中文由Catriona Chaplin博士从原作瑞典语第16版“因特语－国际间交流的现代工具－语言中的语言”英文版及日文版的翻译而来。

我将此书献给怀念中的妻子Berit。

2014年9月于瑞典

Ingvar Stenström

www.ingramcontent.com/pod-product-compliance
Ingram Content Group UK Ltd.
Pitfield, Milton Keynes, MK11 3LW, UK
UKHW021653190726
13853UKWH00001B/225